La Prova Orale 2

Materiale autentico per la conversazione e la preparazione agli esami orali

livello intermedio - avanzato

B2-C2 QUADRO EUROPEO DI RIFERIMENTO

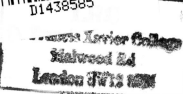

www.edilingua.it

T. Marin dopo una laurea in Italianistica ha conseguito il Master Itals (Didattica dell'italiano) presso l'Università Ca' Foscari di Venezia e ha maturato la sua esperienza didattica insegnando presso varie scuole d'italiano. È direttore di Edilingua e autore di diversi testi per l'insegnamento della lingua italiana: *Nuovo Progetto italiano 1, 2 e 3* (Libro dello studente), *Progetto italiano Junior* (Libro di classe), *La Prova orale 1* e *2*, *Primo Ascolto*, *Ascolto Medio*, *Ascolto Avanzato*, *l'Intermedio in tasca*, *Ascolto Autentico*, *Vocabolario Visuale* e *Vocabolario Visuale - Quaderno degli esercizi.* e coautore di *Nuovo Progetto italiano Video* e *Progetto italiano Junior Video*. Ha tenuto numerosi seminari e formato docenti in oltre 30 paesi.

© Copyright edizioni Edilingua
Sede legale
Via Paolo Emilio, 28 00192 Roma
www.edilingua.it
info@edilingua.it

Deposito e Centro di distribuzione
Via Moroianni, 65 12133 Atene
Tel. +30 210 57.33.900
Fax +30 210 57.58.903

II edizione: luglio 2005
Impaginazione e progetto grafico: *Edilingua*
ISBN 978-960-7706-25-6

A cura di Maria Angela Rapacciuolo

L'editore è a disposizione degli aventi diritto non potuti reperire; porrà inoltre rimedio, in caso di cortese segnalazione, ad eventuali omissioni o inesattezze nella citazione delle fonti.

Vorrei ringraziare tutti gli amici colleghi che, utilizzando il materiale in classe, ne hanno indicato la forma definitiva. Un ringraziamento particolare alla prof.ssa Maria Angela Rapacciuolo per i suoi validi suggerimenti.

Questo libro è dedicato a chi mi dà la forza di continuare...

Indice

Per capire l'indice

▪▪▪ Livello e tipologia simili alle prove orali del CELI 3 (Perugia), del CILS 2 (Siena) o altri diplomi.

▪▪▪▪ Livello e tipologia simili alle prove orali del CELI 4 (Perugia), del CILS 3 (Siena) o altri diplomi.

▪▪▪▪▪ Livello e tipologia simili alle prove orali del CELI 5 (Perugia), del CILS 4 (Siena) o altri diplomi.

* Unità tematiche come p.e. Bellezza (▪▪▪▪) o Minori a rischio (▪▪▪▪▪) possono essere utilizzate a più di un livello.

Premessa

La Prova orale 2 fa la sua apparizione circa cinque anni dopo il primo volume. Nonostante le varie differenze tra i due libri, ci sono due elementi comuni che più o meno sintetizzano la loro filosofia. Tutti e due i libri di questa mini collana hanno un doppio obiettivo: dare, anzitutto, agli studenti d'italiano la possibilità e gli spunti per esprimersi liberamente e spontaneamente, sviluppando così l'abilità di *produzione orale*. D'altra parte, dal momento che, spesso, uno dei motivi per cui si impara una lingua è il conseguimento di una certificazione, scopo della Prova orale è preparare gli studenti d'italiano a superare appunto la *prova orale* di questi esami.

Struttura del libro, tecniche e materiale

Il libro è diviso in quattro parti:

a) Le **unità tematiche**: si tratta di argomenti tratti da temi d'attualità, che toccano quasi tutti i settori della vita moderna, ordinati secondo la difficoltà che presentano (vedere indice).

b) I **compiti comunicativi**: sono simili a quelli di vari esami orali, come p.e. il terzo livello delle Certificazioni dell'Università di Perugia (Celi 3).

c) **Espressioni e massime**: sono simili a quelli di vari esami orali, come p.e., il quinto livello delle Certificazioni dell'Università di Perugia (Celi 5).

d) Il **glossario**.

a) Le **unità tematiche** costituiscono la parte centrale del libro, coprendo tre livelli: medio, superiore e avanzato. Si basano su materiale fotografico, testi autentici e grafici di carattere statistico, coprendo in tal modo le tipologie di vari esami di lingua. Le numerose domande che corredano questo materiale hanno lo scopo di dare a tutti gli studenti la possibilità di esprimersi quanto più possibile, scambiandosi spesso idee tra di loro. Come avrete la possibilità di notare, la discussione si rinnova continuamente, prendendo ogni tanto spunto dal materiale presentato: dopo aver parlato su una foto, si riassume e si commenta un testo, poi si descrive un grafico, poi la seconda foto, poi il secondo testo e così via. In tal modo si riesce a mantenere sempre vivi l'interesse degli studenti e il ritmo della discussione.

I **testi** sono per lo più tratti dalla stampa, ma comprendono anche brani letterari e saggistici. Sono tutti testi autentici, nonostante alcuni interventi che hanno lo scopo di facilitare quelli veramente difficili che potrebbero risultare demotivanti, specialmente nelle prime unità tematiche. Nello stesso tempo si è cercato di abbreviare brani troppo lunghi che richiederebbero troppo tempo e potrebbero annoiare gli studenti. I testi, in media di circa trecento parole ognuno, sono di registri vari; molti di questi sono stati scelti anche perché un po' più "leggeri" e piacevoli.

Le domande non sono tutte della stessa difficoltà e "intensità": si parte sempre da domande semplici per arrivare pian piano ad approfondire l'argomento. Il motivo di tale scelta è che gli studenti hanno sempre bisogno di un "riscaldamento"; d'altra parte, di solito, non tutti gli studenti o tutte le classi sono dello stesso livello linguistico. Per questo motivo figurano sempre domande meno complicate da porre ai meno "abili". Attenzione, però: se questo diventa la norma, i discenti cui vengono fatte sempre le domande "facili", possono sentirsi demotivati. Bisogna, dunque, dar loro ogni tanto la possibilità di parlare anche di argomenti più complicati.

Per ogni argomento viene presentato un **lessico utile**. Si è cercato di dare ogni volta sia le parole che saranno utili alla discussione sia alcune di quelle che si incontrano nei testi, perché uno degli obiettivi di questo libro è portare gli studenti ad un'autonomia linguistica: devono poter *capire dal contesto* anche quando ci saranno parole sconosciute (e, ovviamente, va spiegato loro che ce ne saranno sempre). Non avrebbe, dunque, senso spiegare tutto il lessico dei brani, anche se vengono presentate alcune parole chiave. Il *lessico utile* funge, quindi, più da fonte di spunti e di idee che da glossario. Per questo, i discenti incontreranno forse in esso parole che a prima vista possono considerare note; di solito, però, si tratta di vocaboli che fanno parte del loro *vocabolario passivo*, che vanno ricordate per facilitare la discussione.

b) I **compiti comunicativi** hanno lo scopo di preparare i discenti per situazioni verosimili, in cui saranno chiamati ad usare la lingua italiana in modo creativo per comunicare efficacemente: per chiedere aiuto, per protestare, per informare o essere informati, ecc. Durante lo svolgimento di questi "role-play", ci sono alcuni "particolari" da tener conto: ogni intervento dell'insegnante dovrebbe mirare ad incoraggiare gli studenti e a fornire idee e spunti e non a correggere eventuali errori commessi (di come trattare gli errori si parla in seguito). Un altro elemento da tener presente è che spesso alcuni studenti, specie i meno giovani, si trovano a disagio quando devono "recitare" un ruolo. In questo caso non si dovrebbe insistere; dovrebbero essere loro a scegliere il ruolo che più gli interessa. Ovviamente, se svolgere un compito comunicativo fa parte della loro preparazione ad un esame di lingua, dovrebbero loro stessi sentirsi più motivati. Ma anche in questo caso sta all'insegnante incoraggiarli quanto possibile.

c) Le **espressioni e le massime** hanno lo scopo di far riflettere i discenti su frasi celebri, spesso spiritose, e commentarle. In seguito viene fornita una serie di domande (4-5) che approfondiscono l'argomento (o gli argomenti) sollevato da queste frasi. Nonostante si tratti di una prova particolare, legata alla prova orale del Celi 5, è, comunque, un'attività molto interessante e stimolante anche per chi non ha intenzione di sostenere questo esame. Il risultato sarà lo stesso: gli studenti rifletteranno, parleranno, penseranno in italiano. E questo è molto importante.

d) Il **glossario** ha lo scopo di facilitare la preparazione della lezione da parte dei discenti: dover spiegare tutte le parole nuove è per il docente un compito poco piacevole e che, soprattutto, impiega troppo tempo prezioso. Gli studenti, dunque, conoscendo meglio i loro bisogni, possono semplicemente consultare il glossario ogni qualvolta ne avranno bisogno. Si è cercato, dunque, di spiegare in modo semplice quelle parole ritenute sconosciute alla maggior parte di loro. Com'è forse logico, passando da unità tematiche più facili ad altre più "difficili" e, quindi dal livello medio a quello avanzato, cambiano anche i criteri secondo cui sono state scelte le parole del glossario. Ciononostante, alcune parole vengono presentate più di una volta, anche perché possono essere incontrate a distanza di parecchio tempo, oppure perché l'ordine che seguono le unità tematiche non è certo obbligatorio.

Quando usare La Prova orale 2

Come avrete la possibilità di notare, il libro presenta una grande quantità e varietà di stimoli alla discussione. Questo significa che fornisce materiale sufficiente per oltre un anno scolastico. *La Prova orale 2* si potrebbe adottare in classi che hanno completato circa 160-180 ore di lezione, ed essere usata fino ai livelli più avanzati. Può, comunque, essere inserita in curricoli scolastici diversi e in qualsiasi periodo del curricolo stesso.

Ogni *unità tematica* può fornire da 60 a 90 minuti di conversazione, secondo l'uso che ne viene fatto: quanto tempo si dedica alla lettura, quanti studenti rispondono ad ogni domanda, se e quanto discutono tra di loro, ecc.

Ogni *compito comunicativo* può fornire da 10 a 20 minuti di conversazione: è consigliabile, comunque, far recitare ogni situazione a più di una coppia, modificandone magari i particolari.

Le *espressioni* e le *massime* possono fornire da 15 a 30 minuti di conversazione: dipende dal tempo che gli studenti avranno a disposizione per riflettere e da quanti di loro interverranno su ogni domanda-stimolo.

Suggerimenti e idee per un miglior uso del libro / Riflessioni sulla produzione orale

Fateli parlare! La conversazione è forse la fase del processo didattico più difficile e delicata: lo studente è chiamato a comunicare, a farsi capire in una lingua straniera. L'insegnante, avendo molti ostacoli (psicologici e pratici) da superare, ha bisogno di tutte le sue risorse di energia e vitalità. Studenti timidi, deboli, senza la necessaria fiducia in se stessi (colpa forse anche nostra), hanno costantemente bisogno di essere motivati. Disporre di materiale didattico appropriato è sicuramente importantissimo, ma altrettanto importante è l'abilità del professore nell'animare e guidare la discussione:

-*riformulando e arricchendo le domande* in modo da renderle più comprensibili quando non lo sono.

-*stando fisicamente vicino agli studenti*, diminuendo così le distanze psicologiche. L'insegnante deve "trasmettere" la sua energia e creare un'aria amichevole, adatta ad una discussione amichevole, cosa che non si può fare "ex cathedra".

-*prendendo parte allo scambio di opinioni*, esprimendo se necessario anche la sua, il contrario cioè di quello che si dovrebbe fare durante il resto della lezione. Certo, se l'insegnante parla troppo è probabile che gli studenti si blocchino.

-*incoraggiando continuamente la partecipazione*, i commenti e gli interventi di tutti, facendo capire che ogni singola domanda può e deve dare avvio a scambi di idee. D'altra parte è importante che il parlante abbia il tempo necessario per organizzare e concludere il suo pensiero, senza sentirsi pressato dall'insegnante o dai compagni.

Sarebbe veramente utile per ogni insegnante seguire un seminario sul "body language", il linguaggio del corpo. Per chi non ha questa possibilità consiglierei qualsiasi libro in materia di Alan Pease.

La scelta dell'argomento su cui discutere è molto importante. Nel libro le unità tematiche vengono presentate secondo un ordine determinato, a seconda della loro difficoltà, ma non solo. L'argomento di una discussione, però, deve anzitutto piacere ai parlanti, suscitare il loro interesse. Quindi, se vi rendete conto che il tema che avete scelto non entusiasma i vostri alunni, non insistete; lasciate che ogni tanto scelgano loro quello su cui preferiscono discutere. D'altra parte però, se si preparano ad un esame orale, sarà utile per loro poter parlare anche di argomenti che non sono tra i loro preferiti.

Viva l'errore! La correzione degli errori è un argomento assai discusso che crea spesso molti problemi. "Sbagliando s'impara" esprime lo spirito nel quale si dovrebbe svolgere tutta la lezione e, soprattutto, la conversazione. Uno dei motivi per cui gli studenti non parlano è la nostra esagerazione nel correggerli, il che, molto spesso, gli crea complessi psicologici: non parlano perché hanno paura dell'errore. E quando lo studente vuole o deve parlare fuori della classe, spesso, nonostante la pressione psicologica sia diminuita, avverte lo stesso disagio.

Infatti molti insegnanti hanno la tendenza ad insistere troppo sulla precisione, senza tener conto che l'accuratezza è uno solo degli aspetti della produzione orale; altrettanto importante è l'abilità di farsi capire in diversi discorsi, di poter comunicare in altri termini. E, in teoria, più un discente parla e più impara a parlare bene. Secondo le istruzioni date agli esaminatori orali dei vari esami di lingua, nel corso di una prova orale non si dovrebbe intervenire in caso di errore, mentre si dovrebbe evitare anche qualsiasi osservazione sull'andamento dell'esame, positivo o negativo che sia. Anche se questo riguarda la *fase di controllo*, la nostra filosofia durante la *fase di apprendimento*, non dovrebbe essere molto diversa. La soluzione - se possiamo chiamarla così - si trova a metà strada: quello che si potrebbe fare è "monitorare" gli errori commessi più frequentemente allo scopo di revisionarli a tempo opportuno, senza ovviamente personalizzarli. Oppure, in caso di errore, ripetere semplicemente la forma giusta, cercando di non interrompere il parlante. In questo modo lo studente non si blocca e si rende conto (lui o i suoi ascoltatori) dell'errore commesso. Nello stesso tempo capisce che l'errore è una cosa naturale, perdonabile e correggibile. Un'opportunità per migliorarsi.

Preparazione

Com'è già stato detto, il libro è stato disegnato in modo da poter essere utilizzato sia per la conversazione che per la preparazione ai vari esami di lingua, cosa che si può fare anche contemporaneamente. Sulle unità tematiche adatte ai vostri alunni e all'eventuale esame che vogliono sostenere, consultate l'indice.

Buon lavoro,
con stima
T. Marin

Apprezzerei, da parte dei colleghi, qualsiasi suggerimento, commento o consiglio che potrebbe contribuire al completamento o miglioramento del libro in edizioni future, nonché domande e dubbi sul suo uso.

Vacanze e turismo

lessico utile (glossario a p. 115)

scappare / fuggire
viaggi organizzati
meta turistica
villaggio turistico
avventura
campeggio
tenda
sacco a pelo

il camper / la roulotte
nave da crociera
vacanze "single"
isola esotica / tropicale
agenzia di viaggi
dépliant / opuscolo
Ferragosto
prendere le ferie

andare in vacanza
rilassarsi / riposarsi
soggiorno in albergo
pernottamento
alloggio
prenotare / prenotazione
vacanza studio
vacanza cultura

1. Osservate le due foto e descrivetele.
2. Negli ultimi anni sono di moda le vacanze "single", cioè le vacanze separate per le coppie; perché, secondo voi? Quali sono i pro e i contro di tale scelta?

3. Osservate il grafico della pagina seguente e descrivetelo.
4. Fra questi tipi di vacanza quale preferite e perché? Scambiatevi idee. Preferite in genere vacanze organizzate o un po' all'avventura?

5. Cosa pensate delle vacanze studio? Quali sono i loro vantaggi o gli eventuali svantaggi?

6. Leggete il primo testo (*Niente vacanze*), riassumetelo in breve e commentatelo.
7. Per quali motivi si va in vacanza e si lascia la propria città? Ci sono occasioni in cui le vacanze potrebbero essere una forma di esibizionismo? Motivate le vostre risposte.
8. Spesso le vacanze possono nascondere imprevisti e sorprese, non sempre piacevoli; raccontate qualche vostra insolita o divertente esperienza di vacanze. Come ci possiamo proteggere da eventuali errori o truffe delle agenzie di viaggi?

9. Leggete l'ultimo testo (*Viaggiare*) e riassumetelo in breve; siete d'accordo con quanto dice l'autrice? Motivate le vostre risposte. Vi siete mai comportati da "italiani all'estero"?
10. Le vacanze, oltre a farci divertire e riposare, possono ampliare la nostra mente, la nostra cultura; siete d'accordo e in quali occasioni? Parlatene.

NIENTE VACANZE

Luciano De Crescenzo, scrittore. Odio il mare, odio la montagna. E ora odio anche la campagna: da un po' di tempo è diventata noiosa. La mia, dunque, è una ricetta molto semplice: non andare in vacanza. L'ho sempre detto che è meglio restare in città. Come diceva Blaise Pascal ritengo che nel mondo ci sia infelicità perché non si sta a casa. Estate o non estate, quindi, io rimango a Roma. E me la godo, incontro i miei amici. Certo, se andassero tutti in vacanza a Cinisello Balsamo li raggiungerei. Però, per evitarlo cerco di convincerli a restare a Roma. Qui ci sono i miei libri, il mio computer. Poi Roma è bella: ieri sera ho fatto una passeggiata vicino al Pantheon, in via delle Coppelle. Stupendo. Perché mai dovrei andare alle Maldive? Io sono un quotidiano-dipendente, e lì i giornali arrivano giorni dopo. Solo un detenuto potrebbe apprezzarle: soltanto mare, sabbia e una palma. A chi va in vacanza all'estero imporrei, prima del rilascio del passaporto, un esame sulla conoscenza della propria città.

tratto da *Panorama*

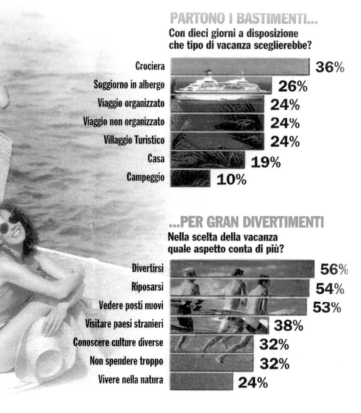

PARTONO I BASTIMENTI...
Con dieci giorni a disposizione
che tipo di vacanza sceglierebbe?

Crociera	36%
Soggiorno in albergo	26%
Viaggio organizzato	24%
Viaggio non organizzato	24%
Villaggio Turistico	24%
Casa	19%
Campeggio	10%

...PER GRAN DIVERTIMENTI
Nella scelta della vacanza
quale aspetto conta di più?

Divertirsi	56%
Riposarsi	54%
Vedere posti nuovi	53%
Visitare paesi stranieri	38%
Conoscere culture diverse	32%
Non spendere troppo	32%
Vivere nella natura	24%

VIAGGIARE

Se volete diventare un buon viaggiatore dovete mirare a un primo grande obiettivo: che di voi non si dica mai: «Sembra un italiano all'estero». Non c'è infatti peggiore offesa, anche fatta a tre chilometri da casa, di questa frasetta che riassume tutta la provincialità, il disagio di chi si trova per la prima volta lontano dal suo ambiente e tende a ricreare tutte le abitudini di casa. Per cui non chiedere né spaghetti né cotolette alla milanese in un ristorante americano.
Se non siete una bellissima avventuriera che viaggia con gli occhi chiusi e il portafoglio (altrui) aperto o una nota mondana che è come un pacco postale sigillato che viene aperto solo al ballo, concentratevi su quello che vedete e informatevi sempre prima sui posti dove andrete. Immergersi nella cultura e nelle tradizioni del paese in cui siete non vuol dire vestirsi per quindici giorni da cinese o da cacciatore bianco, ma tentare di capire, attraverso le abitudini, gli usi e i costumi locali, le sfumature e le diversità del paese che vi ospita. Consideratelo come un gioco: tutto ha una ragione, voi dovrete scoprire il perché.

tratto da *Cose da sapere* di Lina Sotis, Oscar Mondadori ed.

Genitori e figli

lessico utile (glossario a p. 115)

crescere / allevare
educare
minorenne
adolescente / adulto
imporre un divieto
vietare / proibire
disciplina
responsabilizzare
dialogare / discutere

atteggiamento
rapporto
autonomia / indipendenza
trasgredire alle regole
genitori permissivi / iperprotettivi
severo / autoritario
obbedire / rispettare
ubbidiente / disubbidiente
ribelle / reazionario

coccolare / viziare
maleducato
rimproverare
rimprovero
genitori retrogradi
moderni / all'antica
punizione fisica
maltrattare
picchiare

1. Osservate le due foto e descrivetele.
2. Come giudicate il rapporto che ha il ragazzo della prima foto con suo padre? C'è spesso un rapporto come questo tra genitori e figli, o no e perché? Scambiatevi idee.
3. Relativamente alla seconda foto, credete che i bambini di oggi siano un po' viziati oppure sanno apprezzare tutto ciò che gli viene offerto? Come e perché si vizia un bambino?
4. Leggete il primo testo della pagina seguente (*Vizia le figlie, tratta male il maschio*) e commentatelo. Qual è, secondo voi, il comportamento giusto?
5. I genitori di oggi sono piuttosto permissivi o severi? Come giudicate l'atteggiamento dei vostri genitori? Scambiatevi idee.
6. Siete pro o contro la punizione fisica? Motivate le vostre risposte, portando degli esempi.
7. Leggete il secondo testo (*Mio figlio è diventato un ribelle*) e riassumetelo in breve; non importa se avete parole sconosciute. Che consiglio dareste a questa madre?
8. Secondo voi, ragazzi e genitori sanno dialogare o no e perché? Scambiatevi idee.
9. Quali diritti dovrebbero avere gli adolescenti e a che età dovrebbero cominciare a sentirsi più indipendenti? Perché, secondo voi, i genitori non rispettano sempre la privacy dei loro figli?
10. Che qualità deve avere, secondo voi, un buon genitore e com'è possibile diventarlo? Lo sono di più le donne o gli uomini?

Genitori e figli

Mio marito vizia le figlie e tratta male il maschio

Sono una mamma di 42 anni, e ho tre figli: un maschio di 17 anni e due gemelle di 12. Il problema? Mio marito, che coccola le figlie e le vizia in tutti i modi, ha invece un atteggiamento autoritario e duro nei confronti del ragazzo. Non perde occasione per sgridarlo, gli lesina i soldi, fino a pochi mesi fa volavano anche delle sberle. Sono addolorata per questo suo modo di fare, e più volte abbiamo litigato. Lui dice che i maschi vanno educati con fermezza, perché non diventino dei delinquenti, mentre con le femmine si può essere più tolleranti. Care amiche, ho urgente bisogno di un consiglio, perché mi strazia il cuore vedere il cattivo rapporto che c'è tra i due uomini della mia famiglia. E ho tanta paura che Mauro se ne vada di casa appena maggiorenne. Aiutatemi.

Lena, Torino

Mettono l'orecchino al naso, dicono parolacce, si fanno tatuare il corpo. Comportamenti provocatori con cui i ragazzi esprimono il bisogno di staccarsi dalla famiglia. Come capirli? Cercando di mettere da parte gli atteggiamenti troppo autoritari.

Mio figlio è diventato un ribelle

Sono molte le madri che raccontano quanto sia difficile stare accanto ai loro figli durante l'adolescenza. Quando i ragazzi si dimostrano ribelli e adottano comportamenti molto provocatori. Valeria, 49 anni, dice che sua figlia di 15 anni si è fatta tatuaggi su tutto il corpo. «Fino a un anno fa era una ragazzina timida e gentile. Poi, all'improvviso, è cambiata e ha cominciato a mettere in discussione tutto ciò che si dice e si fa in una famiglia». Genziana, 39 anni, racconta di come suo figlio Giacomo, 14 anni, sia diventato aggressivo. «Un giorno si è rapato i capelli e mi ha chiesto di acquistargli una maglietta con scritte naziste. Io mi sono rifiutata, così lui mi ha preso i soldi di nascosto e se l'è comprata». Vincenza, 35 anni, non sa come comportarsi con sua figlia Ginevra, che la contesta di continuo. «L'ho educata in modo attento e responsabile. Ma adesso, a 14 anni, si ribella apertamente: non obbedisce a nessuno, dice parolacce, risponde male agli adulti».

È normale che gli adolescenti si comportino in modo provocatorio, perché sono alla ricerca della loro identità. Che significa staccarsi dalla famiglia per trovare nuovi modelli con cui identificarsi. Così gli amici diventano il loro punto di riferimento. E, per non sentirsi diversi dagli altri, adottano i comportamenti del gruppo: nel modo di fare, di vestire, di parlare. Ma contestare le opinioni dei genitori è fondamentale in questo periodo della vita, che rappresenta il passaggio nel mondo degli adulti. Fatto di riti precisi: come i tatuaggi, il piercing, i capelli colorati. Ma questa fase di distacco può essere ancora più violenta se durante l'infanzia i ragazzi si sono sentiti incompresi, poco accettati o hanno avuto la sensazione che i loro veri bisogni non fossero soddisfatti.

adattato da Donna moderna

Lavoro

lessico utile (glossario a p. 115)

disoccupato
tasso di disoccupazione
protesta
sciopero / scioperare
imprenditore / datore di lavoro
posto di lavoro
occupazione
professione / mestiere
crisi economica / recessione
impresa / ditta / azienda

dipendente / impiegato
manodopera
industria / fabbrica
ufficio di collocamento
sussidio di disoccupazione
essere assunto / licenziato
part time / a tempo pieno
stipendio / retribuzione
formazione professionale
requisiti

domanda di lavoro
curriculum vitae
colloquio
annunci economici
concorso pubblico
telelavoro
pendolare
immigrati / extra comunitari
mettersi in proprio
arrangiarsi

1. Descrivete la foto in alto e commentatela. Nel vostro Paese si vedono spesso immagini come questa?
2. È molto sentita la disoccupazione nel vostro Paese? Sapreste indicarne le cause principali?
3. Leggete il primo testo (*Un diploma non basta*) e riassumetelo in breve.
4. Al giorno d'oggi, che requisiti bisogna avere e cosa bisogna fare per trovare un buon lavoro? Se qualcuno di voi ha fatto esperienze del genere, ne parli.
5. Come si potrebbe combattere la disoccupazione? Scambiatevi idee. Lo Stato aiuta i disoccupati e in quali modi?
6. In base a quali criteri si sceglie una professione e qual è quello più importante, secondo voi?
7. Voi quale professione avete scelto o pensate di scegliere in futuro? Motivate le vostre risposte.
8. Leggete il secondo testo (*Con l'ufficio in soggiorno*) e riassumetelo in breve; non preoccupatevi se avete parole sconosciute.
9. È diffuso il telelavoro nel vostro Paese e cosa ne pensate? Vi piacerebbe lavorare così?
10. Si lavora per vivere o si vive per lavorare? Insomma, quanto importanti sono il lavoro e la carriera?

Un diploma non basta

Loredana Sabato, 22 anni, maestra, Napoli: «All'ultimo concorso per impiegato comunale eravamo cinquemila. Sa quanti erano i posti? 187. Come dire: vincere al lotto. In Campania i senza lavoro sono più di un milione. E nelle manifestazioni io vedo sempre più padri e madri di famiglia con i figli in braccio e l'acqua alla gola. Mi fa impressione. Ma io ce la farò. O almeno spero: da quando ho preso il diploma magistrale, ho fatto oltre 20 concorsi. Ho anche tentato di entrare in una scuola materna di Trento, ma non ce l'ho fatta. Da quattro anni sono iscritta nelle graduatorie per le supplenze: non mi hanno chiamato neanche una volta. Lo stesso è successo alle mie compagne di scuola. In classe eravamo 18, hanno trovato lavoro solo sei. E nessuna fa la maestra, tutte hanno ripiegato su lavori come commessa, postina o cose del genere. A me dispiace l'idea di "abbassarmi" dopo avere studiato tanto. E i miei la pensano come me e sono disposti ad aiutarmi. Così, per ora, vivo con loro. Siamo tanti in casa: ci sono anche mia sorella e mio cognato che aspettano un bambino. Io al pomeriggio faccio doposcuola a un gruppo di bambini delle elementari. E guadagno 500 mila lire al mese. Insomma, mi arrangio. Dicono che a Napoli siamo maestri nell'arte di arrangiarci. È vero. Ma cosa si deve fare? Aspettare che il "posto" piova dal cielo?»

adattato da *Donna moderna*

Con l'ufficio in soggiorno

Sei stanca di andare in azienda tutti i giorni? Puoi restare a casa, oggi c'è il telelavoro.
Ecco i pro e i contro.

Come funziona. «Il telelavoratore» - spiega Massimo Gori, esperto della Teknova, una società che assiste le aziende nell'adottare questo strumento - «è un dipendente in grado di organizzarsi in maniera autonoma, di programmare il lavoro e di eseguirlo in sintonia con il capufficio rimasto in azienda, oltre che con altri colleghi che pure operano da casa. Senza questi continui collegamenti (che avvengono tramite il pc) non si dovrebbe infatti parlare di telelavoro, bensì di lavoro a domicilio». «Trasferendomi dall'ufficio nel centro di Verona al soggiorno della mia casa sul lago di Garda» racconta Franco Mosca, progettista meccanico «le mie mansioni sono rimaste identiche. Unica differenza: quando devo partecipare a una riunione, invece di dialogare di persona con i miei capi, lo faccio tramite lo schermo del pc, utilizzando la videoconferenza».

Vantaggi e svantaggi. Innanzitutto il dipendente migliora la qualità della vita. Basta ingorghi nel traffico con l'ansia di arrivar tardi in ufficio. Basta con l'orario fisso: ciascuno si organizza come crede. E basta con i disagi per chi ha difficoltà a spostarsi: il Comune di Venezia, per esempio, ha cominciato a fare telelavoro con alcuni dipendenti portatori di handicap. Notevoli anche i vantaggi per l'azienda. «Per cominciare, risparmiamo spazio in sede» - dice Paolo Arcolini, vicedirettore di Caridata. «In secondo luogo, aumenta la produttività». I dipendenti quando lavorano in un ufficio decentrato o a casa, si sentono più motivati perché responsabilizzati. E gli svantaggi? «Lontano dalla sede» - dice Alfio Bonettini, sindacalista in un'azienda torinese di vendite per corrispondenza - «il telelavoratore tende a essere "dimenticato", perdendo opportunità di carriera. Poi ci sono gli aspetti psicologici come il senso di isolamento». Insomma, lavorare a casa non è da tutti.

tratto da *Donna moderna*

Tempi moderni

lessico utile (glossario a p. 116)

telefonino / cellulare
telefono mobile / fisso
bolletta
apparecchio sofisticato
esibizionismo
consumismo
squillare / suonare

squillo
privacy
invadente / invadenza
dare fastidio
dipendenza
telecomunicazioni
fantascienza

invenzione
elettrodomestici
progresso
sviluppo tecnologico
l'era digitale
maggiordomo virtuale
connessione

1. Osservate la prima foto in alto a sinistra, descrivetela e commentatela.

2. In che modo il cellulare ha cambiato il modo in cui comunichiamo? Chi di voi ce l'ha e per quale motivo?

3. Un telefonino significa sicurezza e libertà o dipendenza e schiavitù? Scambiatevi idee.

4. Leggete il primo testo (*Al telefono*) e riassumetelo in breve; non importa se avete parole sconosciute.

5. Il cellulare è ancora un oggetto da esibire, come un tempo, oppure oggi è veramente necessario?

6. Quali credete siano le "regole" per usarlo in modo giusto ed educato, senza dare fastidio agli altri? Di solito vengono rispettate o no?

7. Leggete il secondo testo (*Casa hi-tech*) e commentatelo, senza preoccuparvi di parole sconosciute. Cosa pensate di tutti questi apparecchi sofisticati? Scambiatevi idee.

8. A vostro avviso, quali sono le invenzioni che hanno cambiato la nostra vita quotidiana negli ultimi dieci anni? Le considerate tutte indispensabili? Credete che la tecnologia sia riuscita a rendere la nostra vita più bella?

9. Osservate la seconda foto in alto a destra e commentatela; quanto è cambiato il mondo negli ultimi cent'anni? Quali invenzioni e scoperte scientifiche di questo periodo considerate più importanti? Motivate le vostre risposte.

10. Come immaginate il mondo nel 21° secolo? Il fatto che dipendiamo troppo dalla tecnologia potrebbe nascondere dei pericoli, secondo voi?

Tempi moderni

Al telefono

Dopo essere stato per anni uno dei feticci consumistici più amati, finalmente il mito del telefono-sempre-a-portata-di-mano incomincia a trovare qualche nemico. Contro il dilagare dei cellulari si è schierato anche Umberto Eco, che li accetta solo per tre categorie di persone: i portatori di handicap, i politici e gli adulteri. Io ci aggiungo anche i medici e gli idraulici. Tutti gli altri, che credono faccia molto «in» esibire il telefonino in tasca o nella borsa, dovrebbero considerare come i veri Vip, cioè le persone davvero importanti e indispensabili, non si sognano neppure di essere reperibili a ogni ora del giorno e della notte, in balìa di ogni indiscreto che fa il numero...

Già agli inizi del '900, quando il pittore Degas si fece installare il telefono in casa, il suo collega Forain commentò: «Così adesso lo chiamano col campanello, come un cameriere, e lui corre!»

Solo la buona educazione ci permette di godere dei benefici della velocità e della comodità di comunicazione, senza ansia, indiscrezione, mancanza di privacy, invadenza, meccanicità di rapporti.

tratto da Si fa, non si fa di Barbara R. Della Rocca, Vallardi ed.

Casa hi-tech

Forni, lavatrici, frigo, bilance, aspirapolvere: anche gli elettrodomestici sono entrati nell'era digitale. Tanti nuovi miracoli tecnologici stanno già cambiando la nostra vita.

Parola d'ordine: home automation. Ovvero: la casa diventa digitale e la tecnologia si semplifica per essere alla portata di tutti. Anche delle casalinghe che non hanno mai acceso un pc o navigato in Internet. Durante l'ultima edizione di Domotechnica, la fiera degli elettrodomestici che si tiene a Colonia ogni due anni, sono state presentate le linee che lo sviluppo della tecnologia domestica seguirà nei prossimi anni. La novità principale è l'*home assistant*, un computer facile da usare, touch screen, senza tastiera: basta toccare lo schermo. Sarà il maggiordomo del terzo millennio. Ci avviserà quando il frigo è vuoto e scriverà sul nostro palm pilot la lista di quello che manca. Oppure invierà direttamente la lista della spesa al supermercato, che provvederà a consegnarla a casa. E

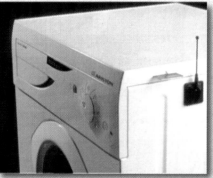

quando un elettrodomestico avrà qualche problema, il maggiordomo virtuale provvederà direttamente ad avvisare il centro di assistenza più vicino.

Quella che fino a poco tempo fa sembrava fantascienza è una realtà che può essere disponibile in tutte le case anche subito o al massimo entro la fine dell'anno. Le grandi aziende si stanno preparando, mettendo in vendita elettrodomestici digitali in grado di dialogare tra loro anche at-

traverso la linea elettrica, senza l'ausilio di un computer. È la rivoluzione di John Gage, l'americano che ha ideato il software Jini, che permette la connessione di tutti gli elettrodomestici, dal tostapane alla caldaia del gas. L'obiettivo finale è ottenere prodotti competitivi grazie alle capacità di risparmiare energia e di rispettare l'ambiente. Le nuove lavatrici consumano fino al 56 per cento di corrente in meno e risparmiano il 50 per cento di acqua. Hanno sensori che, in base al peso e al grado di sporco del bucato, riducono anche il consumo di detersivi. Ma questo è solo un assaggio di quello che vedremo (e vivremo) in tutte le case. In un futuro che è già cominciato.

tratto da Panorama

Scuola

lessico utile (glossario a p. 116)

scuola materna
elementare
media
media superiore / liceo
scuola dell'obbligo
educare
sistema scolastico
alunno - scolaro
maestro - insegnante
disciplina
materia
compito
pubblica istruzione
pagella / scheda di valutazione
esame di maturità
dare / superare un esame
analfabeta
scuola statale / privata
istituto tecnico
essere bocciato / promosso
diplomarsi
esami di ammissione all'università
formarsi / formazione

1. Descrivete la foto in alto.
2. Credete che i ragazzi di oggi abbiano troppi impegni? Se sì, perché, secondo voi?
3. Quanto importante è l'istruzione per un giovane? Che cosa gli offre/deve offrire la scuola?
4. Descrivete e commentate la vignetta a destra.
   Nel passato scuola significava disciplina, spesso eccessiva. Oggi non ci sono più problemi di questo tipo, anzi c'è chi sostiene che ci sia troppa libertà. Voi cosa credete? Parlatene.
5. Scambiatevi idee sulla vostra vita scolastica, attuale o passata: cosa vi piace o piaceva di più e cosa di meno? Quale avvenimento rimarrà indimenticabile?
6. Leggete il primo testo (*Limiti della scuola di oggi*) e riassumetelo in breve; non preoccupatevi di parole sconosciute.
7. Giudicate efficiente la scuola del vostro Paese, o no e perché?
8. Leggete il secondo testo (*In classe a lezione di vita*) e riassumetelo brevemente.
9. Siete d'accordo che bisogna rinnovare i programmi scolastici con l'insegnamento di nuove materie? Cos'altro si potrebbe insegnare, secondo voi? Scambiatevi idee.
10. A vostro avviso, da cosa dipende maggiormente l'efficienza della scuola: gli alunni, gli insegnanti, i genitori, il sistema scolastico, i libri? Motivate le vostre risposte.

Limiti della scuola d'oggi

Le più intense esperienze di vita dei ragazzi e dei giovani di oggi, l'influenza dei mass-media, radio, giornali, cinema, televisione, internet, un costume generale più libero, la democrazia politica, lo sviluppo tecnologico, il progresso economico e civile hanno messo le nuove generazioni in grado di formarsi prima, di maturare più in fretta, di acquisire informazioni e conoscenze più ampie e articolate, e più rapidamente, di comportarsi e di agire con maggiore sicurezza e consapevolezza: i ragazzi e i giovani che oggi entrano a scuola sono molto diversi dai loro coetanei di un tempo, ma trovano sostanzialmente la stessa scuola del passato. La quale, d'altra parte, non può oggettivamente competere con tutti gli strumenti e le occasioni e le possibilità nuove che la vita moderna offre ai giovani di educarsi, di sapere, di imparare, di leggere, di capire, di crescere, di diventare uomini e cittadini già maturi e coscienti appena adolescenti, prima ancora di essere giovani, adulti. Nella vecchia società immobile, lenta, con scarse possibilità e ridotti strumenti di comunicazione sociale e di rapporti interpersonali, la scuola costituiva il centro privilegiato della cultura e della formazione umana e intellettuale delle nuove generazioni: oggi, in una società frenetica, dinamica, che ha a sua disposizione anche troppi canali di comunicazione, di informazione, di cultura, e che offre infinite ed estremamente variate occasioni di contatti, di incontri, di confronti, di esperienze, la scuola è soltanto uno dei centri sociali di formazione e di preparazione, e certamente non il più avanzato né il più efficiente e produttivo.

tratto da La società civile, Ferraro ed.

In classe a lezione di vita

Salute. Ecologia. Lotta alla mafia. Tolleranza. Oltre alle solite materie adesso i docenti affrontano con i ragazzi i problemi di ogni giorno

La scuola cambia. L'attualità entra in classe e i programmi del ministero della Pubblica istruzione si aggiornano. Arrivano nuove materie, che trasformano gli insegnanti in educatori a tutto campo. E gli studenti in cittadini responsabili.

Ai giovani che fumano troppo, abusano di alcol e hanno una certa consuetudine con le droghe, la scuola risponde con un massiccio piano di intervento, che prende il nome di educazione alla salute. Se poi i ragazzi si alimentano male e le loro scelte sono troppo condizionate dalla pubblicità, in classe si insegna a mangiare bene. A partire dai banchi delle elementari, è previsto un programma specifico di educazione alimentare. Per crescere persone sensibili ai problemi dell'ambiente e al futuro della terra, ecco un dettagliato progetto di educazione ecologica.

Ma non si tratta di materie supplementari. «Sono nuovi impegni culturali di una scuola che diventa sempre più attenta ai problemi educativi» precisa l'ispettore ministeriale Raffaele Greco. «Ogni giorno dalla società arrivano stimoli alla discussione, al dialogo. E la scuola non li può ignorare».

Così gli insegnanti diventano educatori alla lotta alla mafia, alla pace, ai diritti umani, alla mondialità e alle pari opportunità. Ma anche alla tolleranza e all'antirazzismo. Infine, per educare al rispetto degli altri anche in città, arriva l'educazione stradale. Perché i pedoni di oggi sono gli automobilisti di domani.

Insegnamenti nuovi, di grande valore educativo. Ma resterà il tempo ai ragazzini per imparare storia e geografia, italiano e matematica? Genitori e insegnanti temono che la giornata scolastica possa essere allungata fino a otto ore.

tratto da Donna moderna

Sport e teppismo

lessico utile (glossario a p. 116)

esercizio fisico
salute / benessere
"mente sana in corpo **sano**"
discipline sportive
allenarsi
sport a squadra
praticare uno sport
mantenersi in forma
il peso forma
vita sedentaria
in palestra
tipo sportivo
tifare per una squadra
tifoso
violenza negli stadi
teppismo
teppisti / hooligan
gli ultra
assalto
lanciare sassi
fanatismo
in casa / in trasferta
arbitro
le forze dell'ordine
reprimere

1. Osservate le due foto e descrivetele.
2. Voi fate sport o no? Se sì, quale e perché? Se no, per quale motivo? Scambiatevi idee.
3. Nella vostra città esistono sufficienti impianti e attrezzature sportive? Da chi vengono frequentati soprattutto? Secondo voi, ci sono sport "da uomo" e "da donna"?
4. Che benefici ha in genere lo sport per l'uomo? A vostro avviso, ne siamo abbastanza informati?
5. Lo sport, in tutte le sue forme ed espressioni, costituisce, a vostro avviso, un aspetto importante della società moderna? Motivate le vostre risposte.

6. Oltre ad esercizio fisico lo sport è anche spettacolo; quale preferite guardare alla televisione o allo stadio e perché? Scambiatevi idee.
7. Vi capita mai di appassionarvi di qualche squadra e in quali occasioni? Come reagite? Parlatene.
8. Leggete il testo (*Il ritorno della violenza*) e riassumetelo in breve.
9. Fate un paragone tra la situazione descritta nel testo e la realtà del vostro Paese. Ci sono problemi simili e in quali sport? Come vengono affrontati?
10. Quali sono, secondo voi, le cause e gli effetti di questo fenomeno? Scambiatevi idee.
11. Credete che gli atleti stessi e le squadre potrebbero fare di più per combattere la violenza negli stadi? Motivate le vostre risposte.
12. Osservate il disegno della pagina seguente e descrivetelo. Cosa pensate di queste misure repressive? Potete pensare ad altri modi per risolvere il problema? Parlatene.

Sport e teppismo

Dopo l'assalto al pullman della squadra
torinese, il presidente Chiusano accusa: "Dov'era la polizia?"

Sassi sulla Juventus
IL RITORNO DELLA VIOLENZA

TORINO - Il giorno dopo, il presidente della Juventus, Vittorio Chiusano, ha più voglia di dimenticare che di raccontare. L'assalto dei tifosi viola al pullman della squadra torinese è avvenuto proprio sotto i suoi occhi. Chiusano, infatti, seguiva il pullman in auto a pochi metri di distanza.

"Per un pelo non hanno colpito anche me", spiega. "Erano ragazzotti che sbucavano all'improvviso con i sassi in mano, già presi in precedenza. Sapevano benissimo a che ora sarebbe arrivato il pullman. Non c'entravano nulla con gli splendidi tifosi viola che allo stadio hanno organizzato una bellissima coreografia e si sono comportati molto bene."

Quello che è mancato, ancora una volta, secondo Chiusano, è stato un intervento più pressante ed efficace delle forze dell'ordine: "Speravamo che questi delinquenti fossero identificati, ma non è stato così. Solo per caso non è successo nulla. Oltretutto questi delinquenti rischiavano di turbare non solo il clima, ma anche il regolare svolgimento della partita, influenzarne l'esito. Per fortuna nemmeno questo è avvenuto: in campo c'è stata una grande correttezza, le due squadre si sono battute al meglio e noi abbiamo cercato di vincere, senza farci influenzare. Un atteggiamento molto apprezzato dai veri tifosi della Fiorentina".

Nel frattempo continuano le indagini per cercare di individuare i responsabili. Il gruppo di teppisti che ha lanciato i sassi era composto da tre o quattro giovani. Nessuna delle macchine della scorta (un'auto della polizia municipale e due dei carabinieri che precedevano il pullman) si è fermata nel tentativo di identificare i teppisti. "Non abbiamo perso il controllo della situazione" - hanno spiegato dal Comando dei carabinieri - "e il compito della scorta non era quello di fermarsi, bensì quello di fare in modo che la situazione non si aggravasse. Per questo motivo, data la vicinanza del campo di gioco, i mezzi hanno accelerato e sono rientrati in zona di sicurezza."

tratto dal Corriere della sera

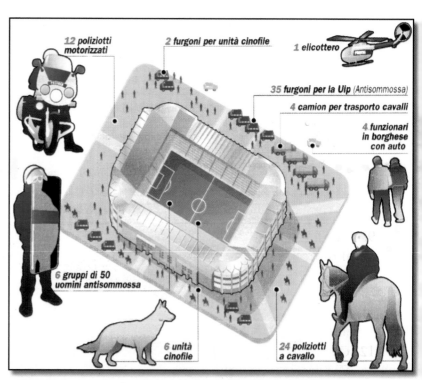

Televisione e pubblicità

lessico utile (glossario a p. 116)

l'avvento della tv
telespettatore
teledipendente / teledipendenza
telecomando
tv satellitare / digitale
antenna parabolica
via cavo / etere / satellite

tv a pagamento / pay tv
decoder
audience / indice di ascolto
diffusione di notizie
i mass media
informazione obiettiva
fare zapping

spot pubblicitario
promozione / propaganda
pubblicizzare / reclamizzare
consumatore
imbambolamento
frustrazione
emarginato

1. Osservate la foto in alto a sinistra, descrivetela e commentatela.
2. Quanto ha cambiato il mondo l'avvento della televisione? Parlatene. Quanto è cambiata la televisione stessa negli ultimi anni?
3. Leggete il primo testo (*Televisione e famiglia*) e riassumetelo in breve, senza preoccuparvi di parole sconosciute. Forse voi stessi avrete vissuto scene simili a quella descritta nel testo; è qualcosa che vi dà fastidio o no e perché?
4. Secondo voi, la tv avvicina o allontana le persone? In che modo influenza le nostre abitudini, i nostri interessi, la nostra mentalità? Scambiatevi idee.
5. Leggete il secondo brano (*Ti piace il telegiornale…*) e commentatelo. Secondo voi, cosa dovrebbero e cosa non dovrebbero guardare i bambini in tv e perché?
6. Cosa pensate dei telegiornali? Quali sono i loro punti positivi e negativi?
7. La televisione è un mezzo potentissimo; è possibile che diventi anche pericoloso? Credete che la "sfruttiamo" nel migliore dei modi? Scambiatevi idee.

8. Osservate la foto in alto a destra, descrivetela e commentatela.
9. Pubblicità per voi significa informazione o, semplicemente, un male inevitabile? Come sarebbe il mondo senza pubblicità?
10. Come giudicate l'immagine della donna nella pubblicità? Scambiatevi idee. Che tipo di influenza può avere la pubblicità sui bambini?
11. Leggete il terzo brano (*La pubblicità*) e riassumetelo in breve; non importa se avete parole sconosciute.
12. Quali sono i pericoli della pubblicità? Voi credete di essere, anche inconsciamente, sue vittime? C'è qualcosa da cambiare, secondo voi? Motivate le vostre risposte.

Televisione e pubblicità

TELEVISIONE E FAMIGLIA

I rapporti umani all'interno della famiglia sono stati notevolmente modificati dall'avvento della televisione. Un tempo, infatti, figli e genitori si riunivano e si ritrovavano tutti insieme accanto al caminetto o alla tavola da pranzo: oggi, questa antica abitudine è praticamente scomparsa, e non solo perché di caminetti con il fuoco acceso non ce ne sono ormai più. In realtà, il nuovo «focolare domestico» è l'apparecchio televisivo: di fronte al quale si sistemano adulti e ragazzi, celebrando ogni sera il rito moderno dell'imbambolamento generale. Quando la televisione non c'era, infatti, la gente aveva più tempo e maggiori occasioni di parlare, di discutere, di stare insieme: oggi, al contrario, più che stare insieme, si è vicini, l'uno accanto all'altro, ma ognuno immerso nei propri pensieri, tutto occhi e orecchi attenti alle immagini e ai suoni diffusi senza interruzione dal diabolico schermo luminoso. E guai a chi osa rompere il silenzio, fare commenti, alzare la voce: proteste, gesti e parole di fastidio e di intolleranza lo persuadono immediatamente a cucirsi la bocca e a restare immobile trattenendo il respiro per «non disturbare». E dopo, tutti a letto: buonanotte e arrivederci a domattina presto, prima di andare ognuno per la sua strada, a scuola, al lavoro, a fare la spesa. Tanto ci si ritrova domani sera. Tutti contenti e uniti di fronte al televisore.

tratto da *La società civile*, Ferraro ed.

Ti piace il telegiornale o ne preferiresti uno diverso?

Se devo dire la verità, ma proprio la verità, a me il telegiornale dell'una mi piace, perché non lo vedo, in quanto esco da scuola dopo l'una. Invece, il telegiornale della sera, quello lo odio proprio. Quando mio padre torna la sera, noi mangiamo davanti alla televisione. Però, come ci sediamo, comincia lui, e cioè il telegiornale. Comincia sempre quando noi cominciamo. Papà è lui che lo accende. Come lo accende il primo guaio, come arriva il primo piatto, il secondo guaio. A tavola mia si mangia coi guai. Mio padre, quando vede che esce scritto NAPOLI, dice: «Statevi tutti zitti, vediamo qual altro guaio è successo». Papà dice che quando fanno vedere Napoli è solo per dirci un guaio.

A me del telegiornale mi piace solo il calcio, però no quando perde il Napoli.

Io vorrei che il telegiornale non lo facessero giusto quando noi mangiamo, ma un po' più tardi, così mangiassimo in santa pace!

adattato da *Io speriamo che me la cavo* di Marcello D'Orta, Oscar Mondadori ed.

La pubblicità

L'effetto della pubblicità sull'individuo coinvolge non solo le sue scelte di consumatore, ma anche quelle sociali e morali. Innanzitutto, crea una falsa corrispondenza tra gli atteggiamenti proposti e alcune tendenze interiori: "l'uomo sicuro di sé" sa operare con il computer, è un conoscitore di liquori e "non deve chiedere mai"; la "donna brillante" guida macchine eleganti, indossa biancheria intima firmata ed usa profumi capaci di catalizzare l'attenzione di chiunque. Questo rapporto tra il consumo di un prodotto ed un modo di essere psicologico e morale, oppure tra un prodotto ed un determinato successo, è molto rischioso, perché è presentato come se fosse un rapporto di necessità, per cui il telespettatore crede di ottenere automaticamente il vantato esito usando quel prodotto propagandato. Poi, il mancato raggiungimento del prestigio, o comunque del risultato che viene pubblicizzato, o anche l'impossibilità economica di acquistare un certo prodotto, può causare frustrazioni e complessi psicologici per chi, non trovandosi inserito nella società immaginaria degli spot pubblicitari, teme che ciò significa essere emarginati dalla società reale.

tratto da *Temi d'attualità*, ed. Bignami

Abusi: fumo e alcol

lessico utile (glossario a p.116)

fare abuso di / abusare di
forza dell'abitudine
vizio
assuefazione / dipendenza
sigaretta /sigaro
fumo / fumatore passivo
polmoni

provocare / causare
nuocere alla salute
nocivo
norme antinicotina
divieto di fumo
smettere di
bevande superalcoliche

a bassa gradazione alcolica
analcolici
bevitore
ubriacarsi / restare sobrio
alcolista / astemio
alcolismo
eccedere

Radiografia di una strage	
PAESI SVILUPPATI	1.915.000
Europa occidentale, Usa e Giappone	1.215.000
Europa dell'est, ex Urss	700.000
PAESI IN VIA DI SVILUPPO	1.210.000
Cina	440.000
Resto dell'Asia e Nord Africa	540.000
Africa Sub Sahariana	95.000 (numero di morti legate all'uso di tabacco)
America Latina e Caraibi	135.000
TOTALE MONDO	3.125.000

1. Descrivete il grafico a destra (*Radiografia di una strage*) e commentatelo.
2. Per quali motivi si fuma, perché si comincia di solito e come mai non si decide di smettere?
3. Negli ultimi anni i fumatori sono sempre più nel mirino delle leggi, al punto di parlare ormai di razzismo sociale contro di loro. Trovate giusta oppure esagerata questa campagna antifumo? Motivate le vostre risposte.
4. Leggete il primo testo (*Dal giudice anche in Italia*) e riassumetelo in breve.
5. Esiste anche nel vostro Paese una mentalità antifumo e norme che proteggono i non fumatori? Portate degli esempi dalla vita quotidiana per motivare le vostre risposte.

6. Descrivete la foto in alto e commentatela.
7. È possibile che l'allegria delle due persone sia dovuta anche al consumo di alcol? Succede spesso che la gente beva quando si diverte, anzi che beva appunto per divertirsi?
8. Avete mai bevuto un po' più del normale e in quale occasione? Scambiatevi esperienze.

9. Leggete il secondo testo (*Ragazzi che bevono*) e riassumetelo in breve con parole vostre. Non importa se avete parole sconosciute.
10. Anche nel vostro Paese il consumo di alcol è così diffuso tra i giovani? Credete che si tratti di un vero e proprio problema sociale o che non sia un fenomeno preoccupante?
11. Guidare dopo aver consumato alcol è pericoloso; i vostri connazionali sono abbastanza prudenti e responsabili in questo caso?
12. C'è chi paragona l'alcol alla droga, nel senso che ha effetti simili e può creare assuefazione; cosa ne pensate? Si dovrebbe forse vietare la pubblicità delle bevande alcoliche (o anche quelle di tabacco) o sarebbe una forma di censura? Scambiatevi idee.

Abusi: fumo e alcol

DAL GIUDICE ANCHE IN ITALIA
Tutte le norme che regolano l'uso del tabacco nel nostro Paese

Locali pubblici off limit, pubblicità vietata, procedure giudiziarie sul fumo: da tempo anche in Italia infuria la battaglia tra fumatori e non fumatori. Ma quali sono le regole?

Vietato fumare. L'obbligo di rispettare questa norma riguarda le corsie degli ospedali, le aule delle scuole, gli autoveicoli pubblici, le sale di attesa delle stazioni ferroviarie, dei porti, degli aeroporti. A parte bar e ristoranti, il divieto riguarda anche tutti i locali adibiti a riunioni pubbliche. Per esempio, cinema, teatri, sale da ballo, musei, biblioteche, gallerie d'arte.

Pubblicità. La propaganda esplicita di qualsiasi prodotto da fumo è vietata. Le aziende che svolgono come attività principale quella di produrre sigari, sigarette e altri prodotti del genere non possono nemmeno sponsorizzare trasmissioni via etere. Non ci sono regole esplicite invece per i team sportivi: l'Unione Europea sta lavorando a un provvedimento sulla materia.

Dal giudice. L'ultimo episodio italiano riguarda una sentenza del Tribunale amministrativo del Lazio. Il Tar ha sentenziato che deve essere assegnata la pensione per cause di servizio alla signora Maria Sposetti, 55 anni, impiegata del ministero della pubblica istruzione, per un tumore ai polmoni. Tra le cause del male il Tar del Lazio ha infatti riconosciuto il fumo passivo.

tratto da Panorama

RAGAZZI CHE BEVONO

Tra i giovani da 15 a 24 anni, nell'ultimo decennio, si osserva un aumento dei consumatori di birra e di superalcolici. «In Italia», puntualizza Carlo La Vecchia, epidemiologo, «l'alcol è responsabile di circa 20 mila morti l'anno, equivalenti al cinque per cento di tutte le morti». Bere, infatti, non solo causa cirrosi del fegato e aumenta il rischio di cancro, ma provoca molti incidenti stradali, omicidi e suicidi.

«Da una ricerca svolta su pazienti ricoverati in ospedale emerge che l'età media a cui viene riferito l'inizio del consumo di alcol è intorno ai 16 anni», sottolinea Mauro Ceccanti, esperto. Partendo da questi dati, che testimoniano la precocità dell'incontro con l'alcol, il centro dell'Università La Sapienza ha proposto un questionario sull'alcol a oltre duemila ragazzi tra i 13 e i 19 anni. Ne è emerso che l'80 per cento degli intervistati ha bevuto alcolici almeno una volta, di solito vino o birra: metà di essi tra gli 11 e i 14 anni, e un quinto prima dei dieci anni.

«In Italia, secondo produttore mondiale di vino, le bevande a bassa gradazione non vengono considerate pericolose, e quindi si beve, anche da piccoli, specie in famiglia» - spiega Ceccanti - «Almeno fino ai 18 anni, infatti, i ragazzi bevono quasi sempre a casa propria, in pizzeria e alle feste dagli amici, dove i grandi offrono con naturalezza lo spumante a bambini di 12-13 anni. È così che si comincia. Ciò non vuol dire che metà degli adolescenti diventano alcolisti, ma solo che hanno sperimentato l'alcol. Hanno la bottiglia, vedono gli amici e provano: molti non gradiscono l'esperienza e abbandonano». Ma come ridurre i consumi, specie tra i giovani? «Un mezzo efficace è l'informazione nelle scuole come intervento preventivo, ma attenzione: qualche volta informare può anche avere l'effetto opposto, provocando curiosità e inducendo al consumo invece di ridurlo».

tratto da L'Espresso

Razzismo e immigrazione

lessico utile (glossario a p. 117)

neonazista / naziskin
nazismo / nazionalismo
atteggiamento razzista
antisemitismo
discriminazione razziale
pregiudizi
tolleranza / intolleranza
flussi immigratori

sbarchi di immigrati clandestini
profughi
extracomunitari
permesso di soggiorno
centro di accoglienza
xenofobia
lavoro nero
emarginazione / emarginato

"vu' cumprà"
contrabbando
negro / di colore
rimpatriare
integrazione razziale
multirazziale / multietnico
asilo politico
minoranza etnica

1. Descrivete la prima foto in alto a sinistra e commentatela.

2. Pensate che i movimenti neonazisti siano un fenomeno preoccupante o no e perché? Ce ne sono anche da voi? Cosa pensate di questi ragazzi? Scambiatevi idee.

3. Ovviamente, ci sono forme di razzismo meno estreme, atteggiamenti che molti di noi possiamo assumere, anche inconsciamente. In quali occasioni? Voi l'avete mai fatto? Parlatene.

4. Leggete il testo (*Il razzismo non deve farci paura*) e riassumetelo in breve; non preoccupatevi di parole sconosciute. Come credete saranno le cose in futuro? Condividete l'ottimismo del cardinale?

5. Nel vostro Paese il razzismo è un problema sentito? È diffusa una certa xenofobia e nei confronti di quali minoranze etniche in particolare? Se ci sono questi timori, sono sempre giustificati, secondo voi? Motivate le vostre risposte.

6. Osservate la foto in alto a destra e descrivetela. Come vengono trattati dalle forze dell'ordine gli extracomunitari?

7. In che condizioni vivono gli immigrati? Quali problemi devono affrontare? D'altra parte, che problemi possono causare? Scambiatevi idee.

8. Cosa fa e cosa non fa lo Stato per tutte queste persone? Siete d'accordo con chi sostiene che si dovrebbero rimpatriare tutti quanti e chiudere le frontiere? Motivate le vostre risposte.

9. Perché tante persone sono costrette ad abbandonare le loro terre? Cosa aspettano di trovare nel luogo in cui arrivano?

10. La presenza di extracomunitari è una realtà in molti Paesi e forse lo sarà ancora di più in futuro; cosa si dovrebbe fare per rendere possibile e armoniosa la convivenza in una società multietnica, superando diversità culturali, linguistiche ecc.? Scambiatevi idee.

Il razzismo non deve farci paura

Una rissa a Milano all'inizio di giugno fra italiani ed extracomunitari, accusati di alimentare la criminalità, ha rilanciato la preoccupazione del razzismo nel nostro Paese. Con appelli da ogni parte perché la convivenza con chi è ritenuto «diverso» non diventi motivo di intolleranza. Appelli a cui si unisce anche il cardinal Tonini.

Cardinale, ritiene grave ciò che è accaduto nelle strade milanesi?

«Dopo questi episodi di forte tensione è fin troppo facile pensare: se questo accade adesso che gli extracomunitari sono relativamente pochi che cosa ci aspetta nei prossimi decenni quando ne arriveranno di più? Per capire che si tratta di un problema gravissimo non occorre molto ingegno, basta pensare a quel che è accaduto in Germania, dove la lotta armata tra naziskin e giovani turchi ha costituito per anni il problema politico più serio di quel Paese. E siccome le donne italiane fanno sempre meno figli e tutto fa pensare che anche l'Italia verrà ripopolata da chi arriva dal mondo afroasiatico, è chiaro che il problema del razzismo sarà presto una delicatissima questione anche per noi».

Ma lei che gira in lungo e in largo il nostro Paese può dire che il razzismo ha preso piede anche in Italia?

«Penso proprio di no. E ne sono del tutto convinto. D'accordo, episodi anche gravi non sono mancati neppure da noi. Specie agli inizi dell'immigrazione. Ricordo, per esempio, la difficoltà con cui si cedeva in affitto gli appartamenti agli stranieri. In realtà, credo proprio di poter affermare che la nostra popolazione è la meno razzista di tutta l'Europa. Penso in particolare proprio alle regioni del Sud che hanno dato un esempio splendido al Nord».

E nella sua Romagna?

«È proprio qui che ho visto le cose migliori. Non che sia mancata la tensione. Particolarmente sulle spiagge, nei mesi estivi a causa dei venditori abusivi, i cosiddetti «vu' cumprà». Ma si tratta di un fenomeno che è quasi scomparso da quando le fabbriche si sono aperte anche a loro. Io stesso ho trovato impiego a molti, soprattutto nigeriani. E sempre con piena soddisfazione dei datori di lavoro. Al punto che adesso sono questi a chiedere altri operai seri, precisi, felici di lavorare, persone che hanno un solo obiettivo: mandare a casa quanti più soldi possibile».

Insomma, lei è ottimista per il futuro?

«Sì, sono ottimista. Perché girando l'Italia mi capita di visitare scuole materne ed elementari zeppe di bambini afroasiatici: e sempre sono gli insegnanti ad assicurarmi che l'intesa con "i nostri" è perfetta. Non solo. I cosiddetti "nostri" si mostrano particolarmente felici di scambiare amicizie proprio con quelli che noi adulti chiamiamo "diversi". Il tutto senza alcuna resistenza da parte dei genitori: un segno anche questo di straordinaria maturità umana».

adattato da *Donna moderna*

Arte e patrimonio artistico

lessico utile (glossario a p. 117)

dipinto	capolavoro	atti vandalistici
artista	monumento	vandalo / vandalismo
opera d'arte	statua	patrimonio
talento	scritta / graffito	tutelare / salvaguardare
espressione artistica	imbrattare un muro	custode
beni culturali	"imbrattatore"	furto
tesori artistici	slogan	galleria
corrente artistica	spray	mostra

1. Descrivete la prima foto in alto a sinistra e commentatela.
2. Voi che rapporto avete con l'arte? Vi piace o sono poche le volte che vi fermate per ammirare un'opera artistica? In ogni caso considerate l'arte importante o non tanto e perché?
3. L'arte ha molte espressioni e forme, moderne e non; quali preferite? Scambiatevi idee. Secondo voi, artisti si nasce o si diventa?
4. Descrivete la seconda foto in alto a destra e commentatela.
5. Cosa pensate delle scritte e dei graffiti che spesso appaiono su monumenti e muri?
6. Credete che i giovani di oggi rispettino abbastanza i monumenti del loro Paese? Se no, perché, secondo voi?
7. In cosa consiste quello che chiamiamo "patrimonio artistico e culturale"? È importante per un popolo e perché? In che modo si può insegnare la sua importanza a scuola?
8. Leggete il testo (*Italiani da museo*) e riassumetelo in breve; non importa se avete parole sconosciute.
9. Come si può spiegare questo allontanamento della gente dai luoghi d'arte? Si tratta di mancanza di interesse o di informazione? Cosa si potrebbe fare per attirare il pubblico?
10. Nel vostro Paese ci sono importanti musei e aree archeologiche? Ne avete visitati alcuni o no e perché? Cosa pensate della loro organizzazione (servizi, sicurezza, ecc.)?

Arte e patrimonio artistico

Italiani da museo

Luoghi polverosi, che sanno di vecchio, costano troppo e, soprattutto, possono essere capiti solo dagli studiosi. Sembra impossibile. Eppure ancora oggi molti italiani immaginano così i musei. Lo dice una ricerca pubblicata da *Art'è monitor,* una società specializzata. Ma com'è possibile, care lettrici, che gli abitanti del Paese più ricco di arte non riescano ad avvicinarsi alla loro storia, ai loro capolavori? Com'è possibile che i discendenti di Giotto, Michelangelo e Leonardo non conoscano i monumenti che ogni anno lasciano a bocca aperta milioni di turisti stranieri? Il ministero per i Beni culturali sta cercando di rendere le visite ai musei alla portata di tutti. Dopo le aperture serali arrivano anche gli sconti. È di questi giorni la notizia che insegnanti e giovani fino ai 25 anni d'ora in poi avranno un biglietto a metà prezzo.
E nelle prossime domeniche, in una ventina di musei, bambini e genitori riceveranno un' accoglienza speciale: ingresso gratuito e animatori culturali

per giocare e divertirsi con quadri e statue. Basterà ad avvicinare i più giovani all'arte?

Speriamo. Dobbiamo, semplicemente, mettere in moto la curiosità. Perché non è vero che noi italiani non amiamo l'arte. Siamo solo un po' pigri. Non ci guardiamo intorno. La prova? Il boom delle «mostre evento», come sono state battezzate. Per visitarle ultimamente milioni di persone hanno sopportato fatiche e code pari solo a quelle per la prima della Scala o per il concerto di una star del rock. Per vedere *La dama con l'ermellino* di Leonardo, arrivata in Italia da Cracovia, in un solo giorno, a Milano, 15 mila persone hanno preso d'assalto la Pinacoteca di Brera. Ora quel dipinto è tornato in Polonia. Ma a Mila-

no, nella stessa pinacoteca, rimangono capolavori altrettanto emozionanti, per i quali nessuno fa la fila. Si possono ammirare tutti i giorni, domenica mattina compresa. Ma quanti milanesi li conoscono? Ognuno di noi ha un capolavoro a due passi da casa. E per apprezzarne la bellezza non servono né libri né una preparazione particolare. Bastano i nostri occhi e la nostra anima. Posso darvi un consiglio? Date un'occhiata alla guida turistica della vostra città. Scegliete un dipinto, una statua o un monumento che vi colpiscono. E quando avete un attimo libero, andate a vederlo da vicino. Sono sicura che proverete un'emozione intensa. Come quella che vi sa dare la pagina di un bel romanzo o quel film che avete già visto quattro volte.

tratto da *Donna moderna*

Volontariato e solidarietà

lessico utile (glossario a p. 117)

volontario
solidarietà
impegno sociale
carità / beneficenza
assistenza
altruismo
aiutare il prossimo
donazione / offerta

sostenere / sostegno
contribuire
previdenza sociale
associazione non-profit
senza fini di lucro
sensibilità / sensibile
indifferenza / indifferente
disponibilità

generoso / generosità
persone bisognose
impegnarsi in / occuparsi di
poveri / barboni
ospizio / casa di riposo
disabile / portatore di handicap
carrozzella
giochi paraolimpici

1. Descrivete la prima foto in alto e commentatela.
2. Parlate del volontariato nel vostro Paese; è abbastanza diffuso e organizzato, o no e perché, secondo voi?
3. Chi credete sia il volontario tipo (età, sesso, interessi, tempo dedicato a quest'attività)? Scambiatevi idee. Conoscete qualcuno che si occupa di volontariato? Parlatene.
4. Osservate il grafico della pagina seguente e commentatelo. C'è qualche dato che vi fa impressione?
5. Quali di queste azioni di solidarietà ritenete più importanti? In quale vorreste impegnarvi, come e perché? Scambiatevi idee.
6. Perché, secondo voi, queste persone sacrificano tempo e denaro per aiutare le persone bisognose? Voi lo fate in qualche maniera o no e perché?
7. Leggete il testo (*Italiani brava gente*) e riassumetelo in breve; non preoccupatevi se avete parole sconosciute.
8. Cosa fanno i vari enti statali per aiutare tutta questa gente che ha bisogno d'aiuto? Lo fanno in modo efficiente o no e perché, secondo voi?
9. Osservate la sequenza di foto in alto a destra e commentatela. Cosa pensate di persone come questo ragazzo?
10. In quali modi può un volontario aiutare un portatore di handicap? D'altra parte, è facile per queste persone vivere senza problemi nella vostra città? Se no, cosa andrebbe cambiato?

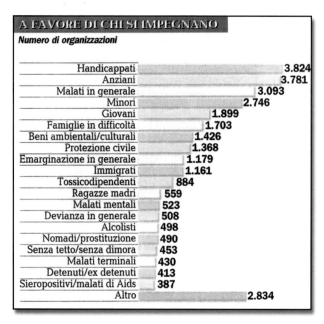

A FAVORE DI CHI SI IMPEGNANO	
Numero di organizzazioni	
Handicappati	3.824
Anziani	3.781
Malati in generale	3.093
Minori	2.746
Giovani	1.899
Famiglie in difficoltà	1.703
Beni ambientali/culturali	1.426
Protezione civile	1.368
Emarginazione in generale	1.179
Immigrati	1.161
Tossicodipendenti	884
Ragazze madri	559
Malati mentali	523
Devianza in generale	508
Alcolisti	498
Nomadi/prostituzione	490
Senza tetto/senza dimora	453
Malati terminali	430
Detenuti/ex detenuti	413
Sieropositivi/malati di Aids	387
Altro	2.834

Italiani brava gente

A ogni ora del giorno un esercito di oltre 5 milioni di persone lavora per gli altri gratis. Facendo risparmiare 1.300 miliardi a un welfare state che non funziona più.

Guardate l'orologio: in questo momento, qualunque sia l'ora o il giorno della settimana, 16.071 persone in tutta Italia stanno lavorando gratis per dare una mano agli altri. Come Marta Milazzo, insegnante elementare in pensione, che in una casa a due passi dal Duomo di Brindisi accoglie ragazze sbandate, abbandonate, vittime di abusi, le fa studiare, le avvia a un lavoro dignitoso. O come Massimo Stranieri, maresciallo della Guardia di finanza in pensione, che va a trovare un anziano malato del morbo di Parkinson, lo accompagna al parco, gli fa incontrare gli amici.

È l'Italia dei buoni: un Paese grande, silenzioso, quasi ignorato dai media. L'Iref, Istituto di ricerche educative e formative, ha calcolato che in Italia oltre 5 milioni di persone fanno lavoro volontario. Solo la banca dati della Fivol, Federazione italiana del volontariato, ha censito 10.542 organizzazioni. «Negli ultimi anni» han-no scritto gli esperti della Fivol «il fenomeno ha registrato una crescita rilevante». In quell'universo c'è di tutto: dagli autisti di ambulanze ai giovani ambientalisti devoti alla sopravvivenza della tartaruga marina, dai donatori di sangue agli archivisti di beni culturali.

Perché lo fanno? Dice il maresciallo Stranieri: «Non mi costa niente. E poi, bisogna pur dare una mano. L'anziano che assisto senza di me starebbe in casa e invece, quando esce, sembra che rinasca».

Secondo le statistiche il 45,4 per cento dei volontari ha un'occupazione e dedica all'impegno sociale ferie e tempo libero. Ma c'è chi è riuscito a fare della solidarietà un lavoro, un business. È il mondo del non-profit, organismi senza fini di lucro, specializzati in settori diversissimi: dalla ricerca sul cancro all'assistenza ai minori, dall'ecologia alla sanità. Avverte Felice Scalvini, amministratore della Compagnia di investimenti sociali: «C'è un'enorme quantità di giovani interessati a venire a lavorare in organizzazioni come quelle che noi sosteniamo, pur sapendo che non faranno grandi carriere. Nelle organizzazioni non-profit, salari e stipendi sono mediamente più bassi del 10 per cento. Ma c'è il senso di essere utili agli altri.»

tratto da Panorama

Consumismo

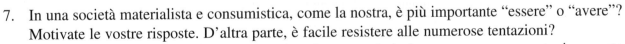

1. Osservate le due foto e descrivetele.

2. Come mai c'è una fila fuori da un negozio di abbigliamento? Nel vostro Paese succedono cose del genere?

3. Vi piace fare acquisti o no e perché? Scambiatevi idee.

4. Quando avete la voglia e la possibilità di farlo, in che cosa vi piace spendere? Comprate sempre cose utili?

5. Quali fattori vi influenzano quando comprate qualcosa: la marca, il prezzo, la confezione, lo sconto, la pubblicità, il vostro umore in quel momento? Motivate le vostre risposte.

6. Leggete il primo testo (*Come spendono gli italiani*) e riassumetelo in breve. La realtà del vostro Paese è simile a quella descritta nel brano?

7. In una società materialista e consumistica, come la nostra, è più importante "essere" o "avere"? Motivate le vostre risposte. D'altra parte, è facile resistere alle numerose tentazioni?

8. Leggete il secondo testo (*Il consumismo*) e riassumetelo in breve; non preoccupatevi se avete parole sconosciute.

9. Quali sono gli status symbol di oggi? Quali sono gli oggetti a cui i vostri connazionali non possono rinunciare? Parlatene.

10. Negli ultimi anni, grazie alla tecnologia, il modo di fare acquisti sta cambiando. Quali sono questi nuovi mezzi e cosa ne pensate?

Consumismo

COME SPENDONO GLI ITALIANI

C'è chi divora quasi due chili di carne al mese (in Toscana è la media) e chi non rinuncia ai maccheroni (in Campania si arriva a quattro chili a testa). Lo rivela un'indagine Istat sui consumi delle famiglie italiane. E il primo dato che balza agli occhi è che, a tavola, l' italiano tipico non esiste: i consumi alimentari restano diversificati. Ma gli esperti di alimentazione che cosa dicono? «In generale siamo più attenti a quello che mangiamo» dice Benvenuto Cestaro, direttore della scuola di scienza dell'alimentazione di Milano. L'indagine Istat non si ferma

soltanto ai consumi alimentari. E se l'anno scorso è stato un anno nero per le tasche degli italiani, che hanno dovuto fare più di una rinuncia, ci sono almeno due settori che non hanno conosciuto la crisi: quello dei computer e quello dei videoregistra-

tori. Nel '90 soltanto un italiano su quattro possedeva un videoregistratore, mentre ora la media è di due su tre, e già moltissimi hanno anche un DVD player. «Non mi stupisce affatto» commenta Mario Abis, sociologo della Makno. «È una delle tante spie del cosiddetto fenomeno della casa bunker, ovvero una tendenza generale a passare più tempo in casa. Di qui l'esigenza di aumentare i consumi legati all'utilizzo del tempo libero tra le pareti domestiche».

tratto da Donna moderna

Il consumismo

Il consumismo è uno degli aspetti più inquietanti della nostra epoca. Le imprese per poter sopravvivere devono sforzarsi di produrre, ma soprattutto di differenziare la produzione. Da qui nasce la necessità di creare nuovi bisogni e la spinta verso nuovi consumi.

Nessuno può sottovalutare il benessere e la comodità a cui questi anni ci hanno abituati: oggetti belli, comodi e costosi, nuove piacevoli abitudini per trascorrere il tempo libero, nuovi status-symbol da possedere. È vero anche però che la corsa sfrenata al consumo ha portato all'appiattimento dello spirito stesso di ogni uomo che ha un po' perso il desiderio di innovazione, di ricerca, di differenziazione.

La gara al consumismo non appaga i nostri desideri ma accresce la noia, le frustrazioni, le tensioni in quanto è una gara verso l'effimero.

A differenza di quello che accade nella produzione che esalta l'intelligenza e l'ingegnosità, il consumismo fa sorgere desideri non altrettanto nobili: egoismo, vanità, aggressività, distruggendo, a sua volta, quei valori positivi quali la solidarietà, l'amicizia, la stima del diverso.

Possedere un computer, un videoregistratore, o un telefonino è un modo per sentirsi al pari degli altri, o peggio, al di sopra. Ma poiché questi oggetti hanno un valore molto limitato nel tempo si ha allora la spinta ad acquistarne sempre degli altri più perfetti, più sofisticati, più esclusivi. In questo modo l'oggetto stesso diventa uno status symbol. Ogni epoca ha i suoi.

adattato da I giovani e la crisi, ed. Esselibri

Donna moderna

lessico utile (glossario a p. 118)

femminismo
emancipata / liberata
professionista
conciliare famiglia e carriera
fare dei sacrifici
lotte sociali
posizione sociale
pari opportunità

parità / uguaglianza dei sessi
sesso debole / forte
disoccupazione
casalinga / "casalingo"
pregiudizio / tabù
discriminazione
mentalità maschilista
maschilismo

aspirazioni / ambizioni
rivendicare i propri diritti
gravidanza / rimanere incinta
essere assunta / licenziata
molestia sessuale
realizzarsi
aggressivo / aggressività
ribellarsi

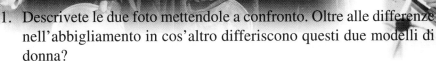

1. Descrivete le due foto mettendole a confronto. Oltre alle differenze nell'abbigliamento in cos'altro differiscono questi due modelli di donna?

2. In che modo è cambiata (in meglio o in peggio) la condizione femminile negli ultimi 20-30 anni? Nel vostro Paese si verifica un progresso per quanto riguarda sia la mentalità che le leggi?

3. Leggete il primo testo (*Alla professione non si rinuncia*) e riassumetelo in breve, senza preoccuparvi di parole sconosciute. Siete d'accordo con quanto dice?

4. Davanti al dilemma lavoro - famiglia voi cosa scegliereste? Una donna carrierista può essere brava come madre quanto una donna che non lavora?

5. Quali ostacoli deve ancora affrontare oggi una donna che vuole fare carriera?

6. La bellezza può facilitare la carriera di una donna, oppure a volte crearle dei problemi; in quali casi? Parlatene.

7. Descrivete il grafico della pagina seguente e commentatelo. Come si potrebbero spiegare le differenze tra i vari Paesi? Vi piacerebbe l'idea di una donna primo ministro nel vostro Paese o no e perché?

8. Ci sono ancora conquiste da ottenere o la donna oggi non ha più cose per cui lottare? Scambiatevi idee.

9. Leggete e commentate "Elena no", bellissima canzone scritta negli anni '70 dal più grande paroliere italiano, Mogol, e cantata da forse il più grande cantante italiano, Lucio Battisti. Credete che gli uomini abbiano perso i diritti che un tempo avevano?

10. Non sono pochi quelli che sostengono che non a caso l'emancipazione della donna abbia coinciso con la crisi della famiglia. Siete d'accordo o no e perché? Motivate le vostre risposte.

Donna moderna

Alla professione non si rinuncia

Abbiamo chiesto alle donne del nostro campione se oggi è più facile fare carriera rispetto a 10 anni fa. Le loro risposte si sono divise quasi equamente tra il sì e il no. Segno che la conquista delle pari opportunità nel campo professionale non è ancora del tutto raggiunta. Del resto, solo dal 1963, grazie a una sentenza della Corte Costituzionale, le donne hanno ottenuto l'accesso a tutte le professioni. Ma il dato più significativo è un altro. Ultimamente l'atteggiamento dell'universo femminile verso il lavoro sembra cambiato in modo radicale. «Negli anni Ottanta il successo professionale era considerato come l'unica occasione per realizzarsi» sostiene Gianna Schelotto, psicosessuologa e terapeuta di coppia. «Il vero simbolo dell'emancipazione era diventata una donna aggressiva: tacchi a spillo, tailleur e grinta maschile, sacrificava gli affetti alla carriera. Adesso le signore stanno trovando un maggiore equilibrio e considerano la famiglia indispensabile per sentirsi realizzate». Al lavoro, comunque, non vogliono rinunciare, sia per avere un' indipendenza economica sia perché desiderano una vita ricca di stimoli e di relazioni. E sanno che per occupare posti di prestigio sono indispensabili titoli di studio e specializzazioni. «Dieci anni fa le donne erano solo il due per cento dei nostri studenti» dice Alessandro Moneta, responsabile dell'Accademia di formazione postuniversitaria del Centro studi orientamento di Torino, che organizza master e corsi di specializzazione dopo la laurea. «Oggi sono quasi la metà. E sembrano destinate ad aumentare».

tratto da Donna moderna

DONNE MINISTRO: LA SVEZIA È IN TESTA	
Percentuale di donne ministro nei governi dei Quindici	
Svezia	50
Danimarca	35
Germania	35
Francia	34,6
Lussemburgo	33,3
Paesi Bassi	31
Finlandia	29,4
Spagna	26,7
Italia	24
G.Bretagna	21,7
Austria	18,8
Irlanda	15,6
Belgio	11,8
Portogallo	10
Grecia	7,5

Elena no

*La borsa della spesa anche se vuota lo sai
mi pesa troppo oramai.
Due chili di patate me le scelga però
piccole o grandi non so.
Il prosciutto o no, le telefonerò.
Detersivi blu, devo saperne di più.
Elena no, Elena no
Se sono un uomo più non lo so.
Oh, non sgridarmi faccio quello che vuoi
non mi ribellerò mai.
La pasta cotta al dente so che ti piace di più
aspetto a buttarla giù.
Chissà se è troppo il sale mah...
Comunque sotto al letto la polvere non c'è
come richiesto da te.
Se insalata vuoi io la condirò poi,
accidenti il vino
come ho fatto a scordarlo
questo non me lo perdonerai.
Elena no, Elena no
Se sono un uomo più non lo so.
Oh non sgridarmi, faccio quello che vuoi
non mi ribellerò mai.
I tuoi diritti sacrosanti lo sai
son miei doveri oramai.*

Battisti - Mogol

lessico utile (glossario a p. 118)

vettura
potenza
cilindrata
prestazioni
auto di prestigio / di lusso
status symbol
esibizionismo
gare automobilistiche
eccesso di velocità
accelerare
frenare
sorpassare / sorpasso
prendere una multa
cintura di sicurezza
casco
incidente stradale
urto
investire qualcuno
pedone
guidatore prudente
asfalto
di serie / optional
comfort
autostrada
segnaletica stradale
rettilineo / curva
andare controsenso

1. Descrivete le due foto mettendole a confronto. Quali sono le maggiori differenze tra le due auto?
2. Quanto sono diverse oggi le macchine rispetto a 20-30 anni fa? Scambiatevi idee.
3. Leggete il testo (*Ecco la nuova Ferrari*) e riassumetelo in breve; non importa se avete parole sconosciute.
4. Credete che tanta potenza sia veramente utile? Motivate le vostre risposte.
5. Cosa pensate delle macchine di lusso e dei loro proprietari? Vorreste essere uno di loro?
6. Che idea avete delle gare automobilistiche, come la Formula 1? A cosa serve questa enorme spesa di denaro?
7. Perché, secondo voi, siamo così attratti dalla velocità? È un bisogno naturale o viene anche coltivato in qualche modo? Scambiatevi idee.
8. Osservate il grafico (*Morti per incidenti stradali*) e descrivetelo. Come si spiega il fatto che le donne hanno meno incidenti? Scambiatevi idee.
9. Quali qualità deve avere un bravo conducente? Secondo voi, chi prende la patente di guida sa guidare? Se no, cosa si dovrebbe cambiare?
10. Leggete il secondo testo (*Le stragi del sabato sera*) e commentatelo in breve. Da quali fattori dipende la sicurezza stradale?

Macchine: prestigio e sicurezza

Ecco la nuova Ferrari

Al Salone di Ginevra arriva la 360 Modena che conquisterà i clienti del Cavallino rampante.

Può una vettura segnare il futuro di una famosa casa automobilistica? Sì, se la macchina si chiama 360 Modena e se a produrla è la Ferrari di Maranello. Per questo il prossimo 9 marzo sarà una giornata importante per la casa del Cavallino rampante: al Salone di Ginevra Luca di Montezemolo, presidente della società, presenterà il nuovo modello della scuderia.

Il compito della nuova auto non sarà facile: sostituirà infatti la 355, ovvero il best-seller assoluto nella storia della Ferrari. "Ma abbiamo fatto un ottimo lavoro, vedrete" dice soddisfatto Montezemolo. "Avevamo come obiettivo la creazione di una vettura con spazi interni e bagagliaio più grandi e che garantisse maggior comfort ai passeggeri. E nello stesso tempo una supersportiva che avesse prestazioni superiori rispetto alla 355".

Il risultato è la prima Ferrari interamente in alluminio che ha raggiunto, come sottolinea Montezemolo, "i più alti livelli di aerodinamica grazie alla collaborazione con lo staff della Formula uno". La 360 Modena è un'auto a due posti con 400 cavalli di potenza, capace di superare i 295 chilometri orari. Ma è soprattutto la materializzazione di un mito. Per questo, spiega il suo padrino, "abbiamo compiuto un grande sforzo per produrre un'auto nuova e nello stesso tempo con un forte richiamo alla tradizione. E la 360 Modena è una Ferrari al cento per cento, ma moderna e comoda. Insomma, un'auto che si può usare tutti i giorni". Montezemolo non manca di ricordare i dettagli che fanno della 360 una macchina non solo sportiva ma anche di lusso: "Il livello di personalizzazione è altissimo: dalla scelta di qualsiasi colore fino a quanto deve essere tesa la pelle dei sedili".

adattato da Panorama

LE STRAGI DEL SABATO SERA

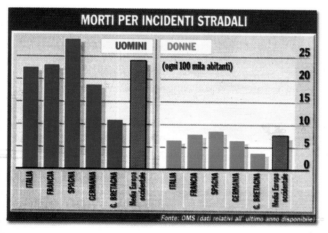

Nelle zone ad alta concentrazione di discoteche come, ad esempio, l'Emilia-Romagna, moltissimi sono i giovani che perdono la vita o rimangono feriti nella notte tra il sabato e la domenica quando, dopo aver trascorso molte ore nei locali più alla moda, rientrano all'alba in automobile, compiendo molto spesso lunghi percorsi per raggiungere la località di provenienza.

È stato inevitabile collegare il fenomeno delle "stragi del sabato sera" allo "stress da discoteca": le cause degli incidenti, infatti, sono quasi sempre riconducibili alla stanchezza, al troppo alcool bevuto e, spesso, all'assunzione di sostanze stupefacenti.

È stato, infatti, osservato che gli incidenti si verificano di frequente su tratti stradali privi di particolari difficoltà come i rettilinei, dove, ad alta velocità, i giovani amanti della notte giocano ai piloti di Formula 1.

Complice l'euforia provocata dalle sostanze consumate, dal divertimento e dal ritrovarsi in compagnia, i giovani sono spesso portati a compiere atti molto rischiosi, percorrendo addirittura le autostrade in controsenso o circolando con i fari spenti.

tratto da I giovani e la crisi, *ed. Åsselibri*

Divismo e privacy

lessico utile (glossario a p. 118)

divo / divismo	influenzare	pettegolezzo
star / stella	fotografo / paparazzo	suscitare l'interesse
idolo / mito	giornalista / stampa	curioso / curiosità
famoso	mass media	scandalo
fama / notorietà	industria dello spettacolo	rivista scandalistica
autografo	star system	momenti privati / pubblici
intervista	fan / ammiratore	vita privata
imitare / imitazione	il pubblico	violare la privacy / l'intimità

1. Descrivete la prima foto in alto a sinistra e commentatela.
2. Per il divo della foto firmare autografi fa parte del suo lavoro; come si può spiegare però il comportamento del pubblico? Voi fareste qualcosa del genere?
3. Secondo alcuni, i miti non sono altro che prodotti creati (dall'industria dello spettacolo, quella sportiva, ecc.) per soddisfare le esigenze di noi consumatori; siete d'accordo? Motivate le vostre risposte.
4. Che conseguenze, positive o negative, credete possa avere il fenomeno del divismo, e su quali persone soprattutto? Scambiatevi idee.
5. Leggete il primo testo (*Il divismo come fenomeno moderno*) e riassumetelo in breve; non preoccupatevi se avete parole sconosciute.
6. Quali vantaggi e svantaggi presenta la vita di un personaggio famoso? In che modo la notorietà può cambiare una persona?
7. Paparazzi, riviste scandalistiche, pettegolezzo: ma a chi interessa la vita dei divi e perché? E a voi? Parlatene.
8. Osservate la seconda foto in alto a destra e commentatela. È vero che i mass media non invadono solo la vita privata delle persone famose? In quali occasioni e perché?
9. Leggete il secondo testo (*Così ho difeso la mia privacy*) e riassumetelo.
10. Trovate la reazione della lettrice esagerata o giustificata? Nel vostro Paese c'è una legge sulla privacy? Parlatene. Se no, cosa si dovrebbe prevedere per proteggere l'individuo?

Divismo e privacy

Il divismo come fenomeno moderno

Il sociologo Francesco Alberoni afferma che il divismo è un fenomeno caratteristico della società urbano-industriale moderna. I divi sono personaggi, selezionati, del pettegolezzo collettivo; usa il termine "pettegolezzo", perché è soprattutto la loro vita privata ed intima ad essere oggetto di curiosità. I divi suscitano interesse e sono ammirati non solo per le loro qualità eccezionali e per il modo straordinario in cui le esercitano (in quanto attori, cantanti, campioni dello sport, ecc.), ma soprattutto per i loro sentimenti, i loro gusti, il loro modo di vestire, il loro essere padri o madri, mariti o mogli.

I divi si sentono "costretti" a soddisfare quotidianamente la sete maniacale di curiosità; la loro vita si svolge in una specie di casa di vetro e qualsiasi parola o gesto acquista un valore pubblico; le loro gioie e i loro dolori appartengono alla folla. Edgar Morin, in un saggio specifico sull'argomento, sostiene che il divo nasce per il fatto che la persona reale viene vista dotata di potenzialità magiche.

Tra l'uomo comune e questi personaggi s'instaura un rapporto in cui fondamentali sono due componenti: quella carismatica e quella amorosa. Il divo viene, cioè, colto come individuo diverso dagli altri, per il possesso di qualità straordinarie (carisma), ed è perciò ritenuto degno d'amore; amore che, nell'impossibilità di essere appagato direttamente, viene vissuto da lontano in una specie di adorazione.

tratto da Temi d'attualità, ed. Bignami

"Così ho difeso il mio diritto alla privacy"

Una lettrice ci scrive: «Al momento di pagare il conto per l'acquisto di una lavatrice, in un ipermercato, sono stata invitata a compilare un questionario con i miei dati personali e a sottoscrivere una dichiarazione in cui autorizzavo il venditore a farne l'uso che meglio credeva. Compreso venderli a società esterne specializzate in ricerche di mercato e in pubblicità. Siccome sono stanca di ritrovarmi la cassetta della posta zeppa di lettere in cui mi si propone di acquistare di tutto, non voglio che il mio nome e l'indirizzo finiscano nelle mani di altra gente che mi spedisce altre indesiderate proposte d'acquisto. Così mi sono rifiutata di firmare l'autorizzazione. Al che il negoziante mi ha detto: "In questo caso non possiamo venderle la lavatrice". Allora mi sono rivolta al direttore, gli ho ricordato che la legge sulla privacy garantisce il mio diritto di non fornire dati personali (se non, in via riservata, al venditore stesso) e gli ho anche ricordato che, negandomi l'acquisto, avrebbe commesso un reato. Ha ceduto».

Marina S., Genova

tratto da Donna moderna

Bellezza

lessico utile (glossario a p. 118)

concorso di bellezza
giuria
vanità
vanitoso
distinguersi
modella
aspirante
soubrette

ingenua / ingenuità
requisiti
proposte indecenti
disposta a tutto
sponsor / produttore
apparenza / aspetto esteriore
passerella
chirurgia plastica

medico estetico
bisturi
rughe
liposuzione
cuscinetti di grasso
estetista
curare il fisico
trucco / truccarsi

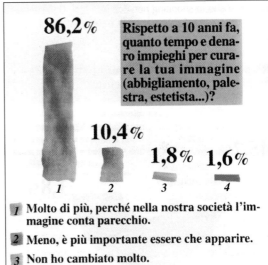

86,2% Rispetto a 10 anni fa, quanto tempo e denaro impieghi per curare la tua immagine (abbigliamento, palestra, estetista...)?

10,4%

1,8% **1,6%**

1   2   3   4

1 Molto di più, perché nella nostra società l'immagine conta parecchio.

2 Meno, è più importante essere che apparire.

3 Non ho cambiato molto.

4 Non so.

1. Osservate le foto in alto e descrivetele.
2. Cosa pensate dei concorsi di bellezza? Siete pro o contro e perché?
3. Che idea avete delle ragazze (o dei ragazzi) che vi partecipano? Chi di voi lo farebbe e a quale scopo?
4. Leggete il primo testo (*Ragazze, ascoltatemi*) e riassumetelo in breve.
5. Il mondo dei concorsi di bellezza, della moda e dello spettacolo sono veramente poco innocenti, come si crede, oppure in tutti i settori si verificano gli stessi fenomeni? Motivate le vostre risposte.
6. Descrivete il grafico in alto e commentatelo. Cosa risponderebbero le donne del vostro Paese?
7. Diete superveloci, istituti di bellezza, pillole dimagranti: cosa pensate di questo enorme business?
8. Nella società moderna la bellezza viene probabilmente sopravvalutata. Portate degli esempi per dimostrare la veridicità o meno di questa affermazione.
9. Di solito quali persone e perché ricorrono all'intervento plastico? Voi lo fareste o no e perché?
10. Leggete il secondo testo (*Fieri della vanità*) e riassumetelo, senza badare a parole sconosciute.
11. Negli ultimi anni gli uomini curano sempre di più il proprio fisico; in che modo? Cosa pensate di questa tendenza?
12. Secondo molti, bellezza significa successo; è vero? Motivate le vostre risposte. Esiste, d'altra parte, una sorta di razzismo sociale verso chi non viene classificato come "bello"?

RAGAZZE, ASCOLTATEMI

Per le fan che la inondano di lettere, Miriana Trevisan è il simbolo della ragazza pulita baciata dal successo. Napoletana, 24 anni, un curriculum tv iniziato con "Non è la Rai", proseguito con "Striscia la notizia". "Panorama" le ha chiesto come si diventa soubrette senza

cedere a proposte indecenti.

Domanda. Nel mondo dello spettacolo serve essere disposte a tutto?

Risposta. Non ho mai creduto a quella strada e non mi sono mai trovata coinvolta nel problema. Ma se una ragazza è disposta a vendersi per arrivare, le occasioni le trova, i divani dei produttori sono tanti. Poi si renderà conto che non basta avere un bel corpo.

Quindi le ragazzine che sognano la carriera in tv non sono poi così ingenue…

Oggi, a 14 anni, sanno distinguere benissimo il bene dal male. Lo vedo con la figlia della mia portiera, aspirante soubrette: a 13 anni ha l'istinto di un adulto. Sogna sì, ma con i piedi per terra. Spesso sono i

genitori che le incitano a esagerare.

E i concorsi di bellezza? Sono ambienti a rischio?

Non sempre. Ho partecipato alle selezioni di Miss Cinema e non ho avuto problemi. Ma io sognavo di fare la ballerina.

Consigli finali?

Primo: guardarsi allo specchio e capire se si hanno le qualità per riuscire. Secondo: studiare l'italiano, recitazione, canto, danza, tutto per migliorarsi. Terzo: evitare scorciatoie ambigue. Piuttosto cadete e rialzatevi mille volte, ma non cedete alla carriera facile. Perché non dura.

tratto da Panorama

Fieri della vanità
Il maschio e il boom della chirurgia estetica

Dopo due anni passati in palestra, Norberto P., 29 anni, ingegnere milanese, era seriamente preoccupato: a nulla serviva sacrificare la pausa pranzo per sudare su strumenti di tortura come il leg curl o il crunch. "Quei due cuscinetti rimanevano e Rossana, la mia ragazza, mi prendeva in giro ogni volta che uscivo dalla doccia. Così mi sono deciso, sono andato dal chirurgo e me li sono fatti aspirare".

L'ingegnere milanese, un uomo giovane, realizzato e ricco, fa parte dell'esercito dei 100 mila maschi italiani che l'anno scorso hanno sfidato la paura del ridicolo e hanno bussato all'ambulatorio del medico estetico determinati a tornare fieri del proprio fisico. Un'ondata di neoedonismo maschile che è stata studiata dalla Società di chirurgia estetica italiana. Riuniti all'XI congresso di Chirurgia estetica, svolto a Roma, i medici

hanno concluso che i pazienti maschi che si sono sottoposti a trattamenti estetici sono aumentati di un sorprendente 50 per cento nell'arco degli ultimi due anni. Il presidente dei maghi del bisturi, Ermete de Longis, è entusiasta: "Finalmente l'uomo ha capito che l'aspetto è un biglietto da visita e si concede al piacere, finora femminile, della correzione dei propri difetti".

Insomma, l'uomo sembra aver appreso l'arte di guardarsi allo specchio, radiografando ogni centimetro di ciccia, ogni ruga e ogni peletto di troppo. E in questo nuovo rito, avverte il chirurgo milanese Giorgio Fischer, "il maschio è sempre più stimolato a confrontarsi con i modelli proposti dai media". In ogni caso il business della vanità maschile è ormai al top e l'offerta di trattamenti è davvero sconfinata.

adattato da Panorama

Computer e Internet

lessico utile (glossario a p. 119)

potenza / velocità
schermo
tastiera
mouse
cliccare
navigare in Internet
cercare su Internet
collegarsi / collegamento

autostrade informatiche
sito web
posta elettronica
e-mail
virus
hacker
telematica
informatica

videoconferenza
videogioco
multimediale
interattivo
dipendenza / assuefazione
commercio elettronico / on line
"mandare in tilt"
cavalcavia

1. Descrivete le due foto mettendole a confronto.
2. Voi che rapporti avete con il computer? Lo sapete usare e in quali occasioni lo fate? Chi di voi, invece, non ama il computer e perché?
3. Quali settori e professioni ha maggiormente influenzato la diffusione dell'informatica?
4. Leggete il primo testo (*Sotto l'albero un computer*) e riassumetelo in breve. I bambini del vostro Paese hanno le stesse preferenze?
5. Il fatto che i bambini oggi usano sempre di più e sempre più presto il computer è positivo o negativo? Il computer amplia la fantasia o la limita, secondo voi? Motivate le vostre risposte.
6. Saper usare il computer è indispensabile per tutti o no? Da quello che sapete, è sufficiente l'insegnamento dell'informatica a scuola?

7. Cosa pensate della mania mondiale per i videogiochi da parte sia dei bambini che degli adulti? Chi di voi è pro e chi contro? Parlatene.
8. Che cosa sapete di Internet? Perché, secondo voi, tante persone lo considerano una vera e propria rivoluzione, mentre parecchi ne sono addirittura ossessionati? Motivate le vostre risposte.
9. Chi di voi ha un collegamento a Internet, chi vorrebbe collegarsi e a quale scopo? Scambiatevi idee.
10. Leggete il secondo testo (*Ma Cappuccetto rosso esiste veramente*) e riassumetelo in breve; non importa se avete parole sconosciute. Voi ritenete Internet pericoloso?
11. Osservate il grafico della pagina seguente e descrivetelo. Internet con le sue applicazioni (p.e. la posta elettronica, gli acquisti on line ecc.) avvicina le persone o le isola? A quali altri vantaggi e svantaggi potete pensare? Scambiatevi idee.
12. Secondo voi, il fatto che settori vitali come l'economia, le telecomunicazioni, la difesa, ecc., sono basati su sistemi informatici potrebbe essere preoccupante per il futuro? Parlatene.

Computer e Internet

Sotto l'albero... un computer

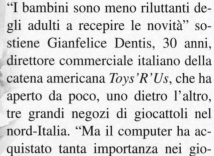

Che giocattolo desiderano di più tutti i bambini italiani questo Natale? Il computer (25 per cento). Seguito a ruota dai videogiochi, prima quelli da consolle (20 per cento), poi quelli tascabili (11 per cento). Solo al terzo posto la bicicletta (12 per cento). Che comunque resiste bene, rispetto a giochi tradizionali come quelli in scatola, passati dal secondo posto (dopo la bici) di dodici anni fa (13 per cento) all'ultimo posto di oggi con il 3 per cento delle preferenze. Sono i dati che emergono da una ricerca condotta dal Centro internazionale studi sul bambino *Toys'R'Us* su un campione di 588 bambini italiani tra gli otto e i tredici anni di età nei centri commerciali.

"I bambini sono meno riluttanti degli adulti a recepire le novità" sostiene Gianfelice Dentis, 30 anni, direttore commerciale italiano della catena americana *Toys'R'Us*, che ha aperto da poco, uno dietro l'altro, tre grandi negozi di giocattoli nel nord-Italia. "Ma il computer ha acquistato tanta importanza nei giochi anche perché nella scuola italiana non c'è" spiega Dentis. E infatti, alla domanda "qual è la prima cosa che fai dopo la scuola?", i bambini di oggi rispondono per il 36 per cento "guardo la tv", ma subito dopo, per il 21 per cento, "accendo il computer".

tratto da Panorama

Si rilancia il dibattito sulla "pericolosità" di Internet

Ma Cappuccetto rosso esiste veramente

Ultimamente alcune notizie danno fastidio ai sostenitori di Internet. Un fastidio forte almeno quanto quello che tutti coloro che non conoscono la Rete provano quando sentono che una ragazza o un bambino sono entrati in contatto con persone e contenuti che di solito si preferirebbe tenere lontani da loro: un approccio sessuale, immagini pornografiche, discussioni su argomenti troppo precoci per chi ha meno di dodici anni. Anzitutto bisogna accettare la realtà: cose molto sgradevoli succedono su Internet, soprattutto alle persone più sprovvedute.
Internet non è uno strumento meraviglioso e "buono" in sé. Può succedere che si venga contattati da malintenzionati di ogni genere. Non necessariamente si tratta di faccende di sesso. C'è chi si di-verte a mandarvi un programma contenente virus che manderà in tilt il vostro computer. C'è chi si limita a sfruttare i segreti delle persone puntando sul grande senso di intimità e di onnipotenza comunicativa che il mezzo ispira. Sembra di poter dire tutto a tutti. In questa illusione cadono anche gli adulti. Ed è un'illusione pericolosa.
Su un sistema telematico romano, di recente, una giovane signora si è trovata oggetto di una strana inserzione. Qualcuno, a suo nome, aveva pubblicato un avviso nel quale si offrivano prestazioni sessuali. Uno scherzo o un atto criminoso? Ricorda quelli che lanciano sassi dal cavalcavia sulle macchine che corrono in autostrada. Molti utenti telematici considerano Internet in questo modo, come uno spazio nel quale tutto è possibile, nel quale lanci il sasso ma non vedi il viso che colpisci.
È altrettanto vero che su Internet pesano i pregiudizi di chi non lo conosce e pensa che ogni genere di abuso sia possibile. Ma in effetti non è così.

tratto da la Repubblica

Giovani

lessico utile (glossario a p. 119)

divario generazionale
mentalità diversa
incomprensione
rapporti interpersonali
ribellarsi / ribelle
minorenne - maggiorenne
adolescente / adulto
adolescenza / giovinezza
gioventù

valori / ideali
punti di riferimento
videogiochi
ottimismo / pessimismo
coetaneo
linguaggio giovanile
cultura
conformismo
teen-ager

tendenze / mode giovanili
fregarsene di
menefreghismo / indifferenza
disinteresse / passività
disoccupazione
maturo / maturità
libertà
angoscia / inquietudine
aspirazioni / sogni

1. Descrivete le due foto mettendo a confronto questi due tipi di giovani.

2. Anche tra di loro i giovani hanno dei punti comuni e diversi, che li uniscono o li fanno distinguere; quali sono? Scambiatevi idee.

3. Cos'è il divario generazionale e a cosa è dovuto, secondo voi? È più o meno intenso oggi rispetto a mezzo secolo fa? Motivate le vostre risposte.

4. Leggete il primo testo (*20 anni nel 21° secolo*) e riassumetelo in breve; non importa se avete parole sconosciute.

5. Scambiandovi idee fate l'identikit del giovane di oggi: quali sono le sue preoccupazioni, le sue paure, i suoi sogni, i suoi ideali? E quelli vostri? Parlatene.

6. Come giudicate la vostra generazione? Quali sono i suoi pregi e difetti? Ha forse qualcosa da invidiare a quelle precedenti?

7. Osservate i grafici della pagina seguente e descriveteli. C'è qualche dato che vi colpisce?

8. Cercate di immaginare i risultati di una simile indagine fatta nel vostro Paese. Esprimete, inoltre, le vostre opinioni su ogni domanda.

9. È la nostra una società fatta solo da e per adulti, oppure i giovani hanno abbastanza diritti, opportunità e libertà di espressione? Parlatene.

10. Leggete il testo della canzone di Jovanotti, amatissimo dai giovani italiani, e commentatelo (anche verso per verso, se possibile), scambiandovi idee.

20 anni nel 21° secolo

Ricordate le generazioni? Toccava a loro, ogni volta, riformare il mondo. Si poteva contare sul fatto che il compito principale dei ragazzi che si affacciavano all'età adulta fosse quello di ribellarsi alle idee ricevute, abbracciare una nuova bandiera, scuotere i valori trasmessi per tentare di fondarne dei nuovi, destinati a loro volta a essere superati. Un ciclo quasi obbligato che aveva la funzione di svecchiare, ogni volta, il mondo.

Ebbene, non va più così. O almeno non sembra stia andando così per i giovani di oggi. I risultati di un'indagine condotta dalla società di ricerca *Swg* sui diciottenni italiani sono – in questo senso – sinceramente una sorpresa. Non che mancassero già dei segnali, il più clamoroso dei quali è il silenzio.

Zitti politicamente, i nostri ragazzi si accontentano del rituale autunnale delle occupazioni scolastiche, con rivendicazioni e slogan che assomigliano a quelli del passato. Zitti socialmente, adottano comportamenti e propagano gusti che qualche stilista famoso ha pensato per loro. Addirittura muti culturalmente, fanno fatica a riconoscersi – i pochi che leggono – perfino in quel piccolo filone quasi coetaneo del pulp all'italiana.

Se il modello è Pieraccioni, con tutto il rispetto per il giovane regista che sa far sorridere con poco, siamo nei guai. Se la destinazione è la New Age, già tanto amata dai fratelli maggiori senza bussola, la faccenda si fa seria. Li abbiamo cresciuti belli, temprati dagli sport e dalla buona alimentazione e li abbiamo abbandonati a se stessi. I diciottenni di oggi sono buoni, tranquilli, appagati non si sa bene di che, felici di vivere in questo paese, ottimisti verso il futuro in cui non intravedono nubi, convinti persino di trovare presto un'occupazione che servirà a fondare una bella famiglia (il più alto dei valori).

tratto da *L'Espresso*

I GIOVANI

I giovani hanno i capelli lunghi
e le basette come cespuglio
e nelle magliette la verità.
I giovani girano per la città
i giovani parlano con i muri,
ma non ascoltano la risposta.
Hanno una scritta sulla maglietta
e non domandano quanto costa.
I giovani sono dentro i sondaggi,
catalogati in percentuali.
Tra quelli lì della pubblicità
dell'aranciata e della Coca Cola,
quelli che gridano ai concerti,
quelli che occupano la scuola,
quelli che non trovano da lavorare,
quelli che ancora paga papà,
quelli che non c'è mai un cazzo da fare,
in questa cazzo di città.
Vorrei passare dai 10 ai 30
per non subire questa tortura,
il primo amore, la prima casa,
dover vestire quest'armatura,
il primo amico che ti tradisce,
o magari che tradisci tu,
il primo treno che non ci sali,
e che magari non torna più.

Jovanotti

Spazio e vita extraterrestre

lessico utile (glossario a p. 119)

conquista dello spazio
scoprire / esplorare
navicella spaziale / missile
lancio / lanciare
stazione / colonia spaziale
la NASA
astronauta
missione spaziale
universo / cosmo
sistema solare
galassia
pianeta
satellite
in orbita
progresso tecnologico
scienza / scienziato
Marte / marziani
vita extraterrestre
alieno
disco volante
avvistamento
fantascienza
fantascientifico
"guerre stellari"
civiltà evolute
captare segnali

1. Osservate le due foto e descrivetele.

2. Missioni nello spazio, nuove stazioni spaziali, colonie umane sulla Luna, telescopi sempre più potenti, ecc.; perché l'uomo è sempre stato così attratto dallo spazio e, a quanto pare, volenteroso di lasciare la Terra? Scambiatevi idee.

3. Finora la "corsa allo spazio" ha dato all'umanità grandi conquiste e soddisfazioni; quali sono state le tappe più importanti della storia spaziale? Parlatene. Da chi e come vengono sfruttati questi successi?

4. Per il finanziamento delle innumerevoli missioni nello spazio si sono spese somme veramente "astronomiche"; secondo voi, si tratta di soldi buttati, da investire magari in altri campi? Motivate le vostre risposte.

5. Leggete il testo (*Che avete detto lassù?*) e riassumetelo in breve; non importa se avete parole sconosciute.

6. Credete che ci sia vita, e magari anche intelligenza, extraterrestre? Se sì, perché non ci sono prove concrete di contatti? Scambiatevi idee.

7. Secondo voi, le tantissime testimonianze di avvistamenti di U.F.O. sono tutte credibili? Può darsi che siamo un po' influenzati dai film di fantascienza? Scambiatevi idee.

8. Come si può spiegare il grande successo di questi film? A voi piacciono o no? Parlatene.

9. Leggete il testo della canzone e commentate i versi che più vi colpiscono.

10. Secondo voi, come reagiremmo se gli extraterrestri venissero veramente? Credete che siano già stati sulla Terra?

Che avete detto lassù?

Arrivano segnali che sembrano artificiali. Messaggi di chi? E che cosa significano?

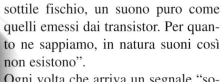

Più di cento radiosegnali extraterrestri di origine misteriosa. Lo hanno annunciato qualche giorno fa gli astronomi che, dai grandi telescopi spaziali sparsi in varie parti del mondo, ascoltano il cosmo alla ricerca di segnali "intelligenti". Questi deboli suoni non sono naturali e potrebbero avere un'origine artificiale. Ma è impossibile verificarlo, avvertono gli esperti, perché si sono ripetuti solo una volta.

La maggior parte dei segnali sono stati captati dai radiotelescopi impegnati nella ricerca SETI (la sigla sta per Search for extraterrestrial intelligence) di Mountain View, in California. Altri da astrofisici inglesi che studiano stelle e galassie. "La tentazione di dire che sono messaggi di civiltà extraterrestri, che immediatamente dopo hanno spento le trasmissioni, è grande" - ha detto al *Sunday Times* Seth Shostak, uno degli astronomi che partecipano al programma SETI. "Ma, semplicemente, non sappiamo che cosa siano. I segnali sono svaniti prima di darci il tempo di controllarne la fonte". Nessuno dei suoni, molto brevi, è stato sentito da orecchie umane, come succede invece a Jodie Foster nel film *Contact*. Sono stati i computer dei telescopi a registrarne la presenza. "Se potessimo ascoltarli nella frequenza in cui si sono manifestati" - continua Shostak - "assomiglierebbero a un sottile fischio, un suono puro come quelli emessi dai transistor. Per quanto ne sappiamo, in natura suoni così non esistono".

Ogni volta che arriva un segnale "sospetto" scatta un allarme, e gli astronomi del SETI cercano di ricaptare il suono per localizzarne il luogo di emissione e identificarne la natura. Cosa che però, in questo caso, non è stata possibile. "Non si può ignorare la possibilità che abbiano un'origine intelligente" conclude il premio Nobel Tony Hewish, radioastronomo all'università di Cambridge. Nel 1967 Hewish, insieme allo studente Jocelyn Bell, captò un segnale mai precedentemente registrato. "Per un mese pensammo che potesse essere alieno. Poi scoprimmo che erano i segnali emessi da una pulsar. Ma se ricevessimo davvero un segnale da E.T., si tratterebbe sicuramente di una civiltà molto più evoluta della nostra, forse di milioni di anni".

Nel dubbio, astronomi americani stanno trattando con i colleghi inglesi per lanciare un progetto di studio tecnologicamente avanzato che, nei prossimi cinque anni, permetta di rintracciare l'origine e la natura di questi segnali sfuggenti.

tratto da Panorama

EX. T. BLU

Viene giù, l'extraterrestre
Guarda là, è blu con antenne.
La tv è lì che lo riprende.
Proprio lui, l'extraterrestre
ormai è qua.
Bianchi, neri, rossi e gialli,
fratelli, fratelli del mondo, contro...
- "Eccolo lì che viene giù."
- "Forse è venuto per portarci un sogno."
- "Guardalo lì che viene giù."
- "O forse per darci una mano."

- "Cosa facciamo se viene giù?"
- "O forse perché ha bisogno."
È già qua, l'extraterrestre.
Viene giù da un pianeta lontano.
La tv dice che mangia i soldi di tutti i terrestri...
- "Sparagli adesso che viene giù!"
- "Forse è venuto per portarci un sogno."
- "Sparagli prima che tocchi giù!"
- "O forse perché ha bisogno."
- "Mettilo in croce come Gesù...!"

Luca Carboni

Amore sicuro e non

lessico utile (glossario a p. 119)

aborto	aborto clandestino	madre single
interruzione volontaria della gra-	provocare polemiche	crescere un bambino
vidanza	dilemma morale / etico	controllo delle nascite
abortire	rimanere incinta	contraccezione
gravidanza indesiderata	stupro	metodi anticoncezionali
aborto terapeutico	adolescente / minorenne	profilattico / preservativo
legge sull'aborto	chiacchiera / pettegolezzo	pillola
reato	pregiudizio / tabù	educazione sessuale
assistenza sanitaria	convenzionale / tradizionale	emorragia

RITIENI CHE LA LEGGE SULL'ABORTO SIA:

Una buona legge 41,8
Una cattiva legge 20,9
Una buona legge ma che va cambiata 36,7
Non sa, non risponde 0,6
%

LA STATISTICA

Quaranta milioni di aborti

Sono quasi 80 milioni l'anno, in tutto il mondo, le gravidanze indesiderate, e per oltre metà finiscono in aborto. I dati vengono da un rapporto dell'Istituto Alan Guttmacher, un ente non profit statunitense, da cui emerge che dei 210 milioni di donne in età fertile che ogni anno rimangono incinte, il 38 per cento non vuole la gravidanza, e il 22 per cento abortisce. La Romania e il Vietnam sono i paesi con il maggior tasso di aborti: ogni anno sono 80 su mille le donne che decidono in tal senso. Spagna, Irlanda e Olanda hanno invece i tassi più bassi: 10 donne su mille.

QUEI BAMBINI MAI NATI
In milioni nel mondo, ogni anno
GRAVIDANZE 210
GRAVIDANZE INDESIDERATE 80
ABORTI 40
Fonte: Istituto Alan Guttmacher

1. Leggete il grafico a destra (*Quaranta milioni di aborti*) e descrivetelo brevemente; non importa se avete parole sconosciute.
2. In Italia dal 1978, dopo molte polemiche - soprattutto da parte della Chiesa cattolica - e in seguito ad un referendum, l'aborto è legale (con la legge 194). Sapete se nel vostro Paese esiste o si discute su una legge analoga? Se sì, cosa prevede?
3. Osservate il grafico in alto a sinistra, basato su risposte di giovani italiani, e descrivetelo. Come sarebbe una buona legge sull'aborto, secondo voi?
4. Per quali motivi una donna, giovane o meno, ricorre all'interruzione volontaria della gravidanza?
5. Siete generalmente pro o contro l'aborto? Scambiatevi idee.

6. Leggete il primo testo (*Abortire di nascosto*) e riassumetelo in breve; non preoccupatevi se avete parole sconosciute.
7. Quali problemi, sanitari e psicologici, può comportare la scelta di un aborto clandestino?

8. Leggete il secondo testo (*Profilattici a scuola*), riassumetelo in breve e commentatelo.
9. Parlate in breve dei benefici della contraccezione. Credete di esserne abbastanza informati?
10. Quanto è importante il contributo della scuola per una sufficiente educazione sessuale e cosa succede nel vostro Paese? Parlatene. In famiglia si discutono questi argomenti o no e perché, secondo voi?

Abortire di nascosto

Per abortire senza che nessuno lo sapesse si era rivolta qualche giorno fa a un'anziana ginecologa di Genova, che operava in uno "studio privato". Così Giovanna Bardi, 32 anni, ha perso la vita: è stata stroncata da un'emorragia. Sembra assurdo ma in Italia, dove l'interruzione di gravidanza è ammessa per legge, si muore ancora di aborto clandestino. Sembra assurdo, ma la scelta di Giovanna non è isolata: secondo l'Istituto superiore di Sanità, ogni anno sono 38 mila le donne che si affidano a quelle che un tempo si definivano "mammane". Personaggi di dubbia professionalità che lavorano in scarse condizioni igieniche, senza poter fornire assistenza alle pazienti. Perché ci si rivolge a loro? Perché ancora oggi si abortisce ancora di nascosto? "Perché la legge 194, spesso, non è applicata fino in fondo" osserva Michele Grandolfo, che per l'Istituto superiore di Sanità svolge un monitoraggio annuale sul problema. "Per assicurare l'interruzione di gravidanza e superare l'ostacolo dei medici che si rifiutano di fare abortire negli ospedali, la legge prevede che le Asl si accordino con cliniche private disposte a eseguire l'intervento. Nel Sud, dove si verifica il 70 per cento degli aborti clandestini, queste convenzioni restano spesso lettera morta". Perciò le donne o si spostano da una città all'altra o si affidano a medici disponibili. Ma spesso è ancora la vergogna a spingere verso una soluzione clandestina. "Molte non sopportano la procedura burocratica imposta dalla legge: il colloquio con lo psicologo e l'assistente sociale" spiega Luigi Laratta, presidente dell'Aied, l'Associazione italiana per l'educazione demografica. "Eppure è un iter necessario: l'aborto non è una scelta leggera. C'è poi chi ha paura di rivolgersi alle strutture pubbliche per timore che la notizia si venga a sapere in famiglia. Ma tutte devono sapere che i medici sono tenuti alla riservatezza". Si può abortire di nascosto, dunque, anche in ospedale. Senza pagare con la propria vita il proprio senso di colpa.

tratto da *Donna moderna*

Felicità è l'amore sicuro

Ma tra polemiche, scontri e proteste
i giovani continuano a usarlo poco
Milano: in un liceo il primo distributore di condom

Da domani i profilattici si possono comprare a scuola. Grazie ad una macchinetta distributrice che sarà installata all'ingresso della sala medica dell'istituto. Lo "storico" evento - il primo del genere, in Italia - sta per accadere al liceo Cremona di Milano.

Così, mentre mezza Italia si interroga sui "sì" o sui "no" alla distribuzione di preservativi, mentre il liceo Giordano Bruno di Torino è al centro dell'attenzione per la proposta di mettere le macchinette all'ingresso, un altro liceo, nel capoluogo lombardo, ha già ordinato l'apparecchio che fornisce i condom. Senza clamore e senza polemiche.

"Una scelta culturale - spiega la preside Maria Celeste - che rientra in un nostro programma di educazione sessuale: i ragazzi di quarta vengono addestrati da esperti della Asl, e poi tengono lezioni agli allievi di seconda. E abbiamo anche chiesto all'azienda sanitaria di fornirci di uno sportello con uno psicologo, per dialogare con i ragazzi su questi temi".

Sul distributore di profilattici, che verrà gestito da cinque studenti maggiorenni, ci sarà una scritta: "In segno di responsabilità, prudenza e rispetto di sé e degli altri".

tratto dal *Corriere della Sera*

Anoressia e bulimia

lessico utile (glossario a p. 120)

anoressia / bulimia nervosa
anoressico / bulimico
appetito
disturbi alimentari
fare la / stare a dieta
rigorosa dieta dimagrante
dimagrire / perdere peso
ingrassare

magro / grasso
controllare il peso
ossessione
calorie
digiuno
saccheggiare il frigorifero
abbuffarsi di cibo
vomitare

avere sensi di colpa
ammalarsi di / soffrire di
problemi psicologici
modelle scheletriche
i mass media
malattia cronica / epidemia
ricoverare in ospedale
fenomeno dilagante

1. Descrivete le due foto mettendole a confronto.
2. Immagini di donne e modelle troppo magre sono molto consuete negli ultimi anni; perché, secondo voi, e cosa pensate di questo modello di bellezza?
3. Leggete il primo testo (*Tutto iniziò per qualche chilo in più*) e commentatelo.
4. Che cosa sapete dell'anoressia e della bulimia? Credete sia facile riconoscerne i sintomi? Scambiatevi informazioni.
5. Chi colpiscono di più queste malattie (sesso, età ecc.) e perché, secondo voi? Conoscete qualcuno che ne soffre? Se sì, parlatene.
6. Leggete il secondo testo (*Pane, amore e anoressia*) e riassumetelo in breve; non importa se avete parole sconosciute.
7. Qual è, a vostro avviso, la causa principale di questo fenomeno? Scambiatevi idee.
8. Come si potrebbero spiegare i dati dell'ultimo paragrafo? Parlatene.
9. Oltre alle ragazze adolescenti, sono moltissime le donne adulte che soffrono di queste due malattie; può darsi che la colpa sia anche degli uomini?
10. L'anoressia e la bulimia si curano molto difficilmente e dopo lunghi trattamenti. Di chi o di cosa hanno bisogno queste persone per guarire? Scambiatevi idee.

Anoressia e bulimia

Tutto cominciò per qualche chilo in più

"Tutto è iniziato quasi per scherzo: era estate, ero da sola a studiare e volevo perdere qualche chilo, lo facevano tutte le mie amiche. Allora ho cominciato a eliminare il pane, poi l'olio, poi la pasta, poi tutto il resto. Avevo 16 anni, e mangiavo soltanto una mela al giorno. In due mesi ho perso dieci chili. Ma mi sono accorta di stare davvero male soltanto un anno e mezzo dopo. Insieme all'anoressia è arrivata la bulimia. Parados- *salmente, dimagrire a vista d'occhio può sembrare una cosa abbastanza normale, invece svuotare un intero frigorifero per poi vomitare tutto, no. E poi non riuscivo a fare nulla: non scrivevo, non uscivo con gli amici, la mia giornata era scandita dall'ossessione del cibo, avevo il terrore di essere invitata a cena fuori. Quella non era più la mia vita, la malattia mi aveva prosciugato l'anima".*

adattato da *L'Espresso*

MALATTIE D'OGGI

Pane, amore e ANORESSIA

Nelle foto: pazienti in terapia presso una clinica americana specializzata nella cura dell'anoressia

Innanzi tutto è fame. Una fame devastante, che riempie ogni attimo dell'esistenza, che occupa la mente il giorno e la notte, che invade i rapporti sociali e familiari. "Non è vero che le anoressiche non hanno fame. Ma quel corpo scheletrito e morente serve a comunicare la sofferenza. È il messaggio disperato che permette di mostrare la propria fame. Che però è soprattutto una fame d'amore". Questo racconta Fabiola Da Clercq, per vent'anni bulimica e anoressica, e che dopo essere guarita, ha descritto la sua battaglia contro la malattia nel libro "Tutto il pane del mondo" (Bom-

piani). E che ora, dopo aver fondato l'Associazione per lo studio e la ricerca sull'anoressia, la bulimia e i disturbi alimentari (Aba), pubblica "Fame d'Amore" (Rizzoli), una guida scritta proprio per le persone malate e quelle che le circondano. Per aiutare le adolescenti che, insoddisfatte di sé e del proprio corpo, cominciano una rigorosissima dieta dimagrante: contando ossessivamente le calorie, salendo continuamente sulla bilancia. Trovandosi poi, dopo anni di digiuno, a pesare 30 chili rischiando la vita. O quelle ragazze che, in preda a una crisi, saccheggiano il frigorifero, mischiando il dolce col salato, il caldo col freddo. E poi si chiudono in bagno, per purgare con i farmaci o con il vomito la loro colpa.

Negli anni Ottanta gli esperti ritenevano che la responsabilità di questa grave malattia fosse esclusivamente della famiglia, soprattutto della madre. Oggi si pensa che a causare l'anoressia siano più fattori: il benessere delle società avanzate, l'imperativo sociale del-

l'essere magri, la moda delle modelle scheletriche, il disagio familiare sempre più diffuso. Tutto ciò, sospettano diversi scienziati, attiverebbe una predisposizione genetica che scatta nel passaggio dall'infanzia all'adolescenza.

Quello di anoressia e bulimia è un fenomeno in continua crescita in tutti i Paesi industrializzati. In Giappone il numero di casi di anoressia aumenta in modo impressionante. Negli Stati Uniti si calcola che la quota di ragazze bulimiche nei primi anni di college sia compresa tra il 5 e il 6 per cento della popolazione! Il problema soltanto da poco ha cominciato a colpire i Paesi dell'Est Europeo. Ed è invece praticamente assente nei Paesi poveri dell'Africa, dell'Asia e dell'America Latina. In Sudamerica fa eccezione in tutti i sensi l'Argentina, dove il tasso di anoressia, che qui si chiama la "sindrome della modella", è tre volte più alto che negli Usa. Recentemente l'anoressia è apparsa anche in Cina!

tratto da *L'Espresso*

Una ragazzina in cura all'Aba, che pesava 27 chili, quando si presentò al primo colloquio, chiarì subito: "Se prendo peso, come faccio a farla pagare ai miei?"

Animali, questi nemici

lessico utile (glossario a p. 120)

abbandonare / abbandono
cane randagio / bastardo
animali domestici / selvatici
guinzaglio
gabbia
essere processato
caccia / cacciatore
specie in via di estinzione
specie protette
foca monaca
tartaruga caretta caretta
vivisezione / esperimento
cavia
sacrificare / torturare
maltrattare
cosmetici
zoofilo
associazione ecologista
corrida / torero / toro
zoo / circo
pelliccia / pelle

I MIGLIORI AMICI DELL'UOMO	
Gli animali domestici in Italia	
Cani	6.250.000
Gatti	7.000.000
Uccellini	13.000.000
Pesci	28.000.000
Piccoli mammiferi	1.200.000
Animali da terrario	900.000
Totale	56.350.000

1. Descrivete la pubblicità in alto a sinistra e commentatela.
2. Chi, quando e per quali motivi abbandona gli animali? Cosa pensate di queste persone?
3. Leggete il primo testo (*Abbandonò il suo gatto, sarà processato*) e riassumetelo in breve; non preoccupatevi se avete parole sconosciute. Trovate giusta la decisione del magistrato?
4. Come dovrebbe essere punito l'abbandono o il maltrattamento degli animali? Scambiatevi idee. Cosa succede nel vostro Paese?
5. Osservate la seconda foto in alto a destra e commentatela. In quali modi si manifesta la mancanza di sensibilità nei confronti degli animali, a volte anche da "zoofili"?
6. Osservate il grafico, descrivetelo e commentatelo. Perché abbiamo bisogno di animali domestici? È giusto tenerli in casa, spesso imprigionati? Parlatene.
7. Nei Paesi in via di sviluppo si spendono per la salute 13 miliardi di dollari all'anno. Per il cibo di cani, gatti e uccellini, Usa ed Europa spendono 17 miliardi di dollari. Commentate questo dato statistico, scambiandovi idee. Ci sono persone che esagerano nel loro amore per gli animali, come e perché, secondo voi?
8. Leggete il secondo testo (*Stop alle prove sugli animali*) e riassumetelo, senza badare a parole sconosciute.
9. Credete che la gente sia abbastanza sensibilizzata, oppure non è a conoscenza di questi esperimenti? E voi? Quando comprate un prodotto, vi interessa se per la sua fabbricazione un animale è stato tormentato o addirittura ucciso? Parlatene.
10. Secondo voi, le varie organizzazioni ecologiche sono riuscite a difendere i diritti degli animali, specialmente di quelli in via di estinzione? Motivate le vostre risposte portando degli esempi.

Animali, questi nemici

Abbandonò il suo gatto, sarà processato

Una multa? Troppo poco per chi ha abbandonato volutamente il proprio gatto. E così un magistrato ha deciso che per il reato di abbandono di animali si procede per via giudiziaria. Tre i protagonisti principali di questa vicenda, senza precedenti in Italia. Da un lato T.B., un uomo di Mestre proprietario di uno splendido gattino persiano di colore bianco; dall'altro un suo vicino di casa e l'Associazione veneta zoofila (Avz). Tutto era cominciato circa un anno fa quando il vicino aveva trovato per strada il gattino e l'aveva riconsegnato al suo proprietario. Quest'ultimo,

però, era sembrato infastidito dal gesto e così l'uomo aveva avvisato l'Associazione veneta zoofila temendo il peggio. L'Associazione si era mobilitata immediatamente per cercare di dare una casa al gattino e nel giro di

qualche giorno ci era riuscita. Ma quando un membro della Avz si era recato a casa di T.B. per prendere in consegna il gattino, l'uomo aveva risposto di averlo già liberato. Così l'Associazione ha deciso di denunciare l'episodio. Il magistrato non ha avuto troppi dubbi: questo è un caso di abbandono di animale domestico e il responsabile non può pensare di cavarsela, come solitamente accade, con una multa. Quindi il proprietario del gattino sarà processato, rischiando di finire in galera.

tratto dal Corriere della sera

Stop alle prove sugli animali

I cosmetici non sperimentati sulle specie viventi presto avranno un marchio. Che li renderà riconoscibili

Le cavie sono costrette a respirare per quattro ore il decolorante per capelli, o a ingoiare a forza dentifricio. Quando usiamo questi prodotti non pensiamo che, spesso, i loro componenti vengono prima sperimentati sugli animali. Per avere la certezza che non provochino danni alla salute umana, spiegano le aziende. Ma le associazioni ecologiste rispondono che per raggiungere questo scopo non è affatto necessario sacrificare le specie viventi. Nella maggior parte dei casi si tratta di conigli e cavie, a volte di cani e gatti. Proprio per

impedire che questo avvenga, la Comunità Europea ha emanato una direttiva che entrerà in vigore il 30 giugno prossimo. In origine, il divieto doveva essere applicato entro l'inizio di quest' anno, ma così non è stato. Perché, dice la direttiva, si doveva "scientificamente dimostrare che i metodi sperimentali alternativi offrissero ai consumatori un grado di protezione equivalente". Invece, la Comunità Europea afferma che "questo risultato non si è potuto raggiungere".
Campagna in corso.
Prende spunto proprio da

questo la campagna della Lav, la Lega antivivisezione, che vuole porre fine alla strage degli animali uccisi ogni anno dai test sui cosmetici. "Sono già stati sperimentati sugli animali ben 8.000 componenti dei prodotti" - spiega Gianluca Felicetti, direttore generale della Lav. "È ormai provato che non sono dannosi per l'uomo, quindi non occorre fare altri test". Per dire basta a tutto ciò, in attesa della legge europea, la Lav ha dato vita a un'iniziativa internazionale. "Abbiamo chiesto alle ditte produttrici di cosmetici di

impegnarsi a non testare su animali e a non acquistare materie prime sperimentate sulle specie viventi" - prosegue Felicetti. "Finora, hanno aderito 150 aziende, alcune delle quali distribuiscono i loro prodotti anche in Italia. A partire dall'anno prossimo, sui cosmetici delle ditte che hanno sposato l'iniziativa comparirà il simbolo che distinguerà i prodotti non testati sugli animali". In questo modo, chi acquista sarà libero di scegliere se appoggiare la difesa dei diritti delle specie viventi.

tratto da Donna moderna

Salute

lessico utile (glossario a p. 120)

sala operatoria
intervento chirurgico
paziente / malato
ricoverare in ospedale
intervento chirurgico
pronto soccorso
sistema sanitario
assistenza sanitaria / medica
bustarella
abuso di medicine / medicinali
prescrivere / prescrizione
antibiotico / analgesico
tranquillanti / ansiolitici
alimentazione equilibrata
cura / rimedio
prevenzione
medicina alternativa
agopuntura
omeopatia
erbe medicinali
malattia / epidemia
infezione / infetto
sieropositivo
virus
prudenza / prudente

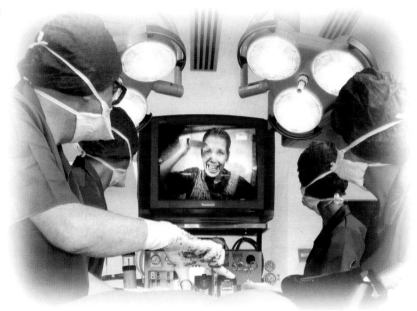

SE DEVO SCEGLIERE UNA TERAPIA, SEGUO...

In percentuale — I trattamenti che offrono più speranze anche se non scientificamente provati — **63** — **37** — I trattamenti scientificamente provati anche se non danno garanzie di successo

I consigli di altri pazienti — Le raccomandazioni del medico di fiducia — Il mio istinto — **9** **8** — **53** — **32** — I progressi della medicina — In percentuale

1. Descrivete la foto in alto.
2. Perché si sceglie di diventare medici? Credete che tutti i medici siano consapevoli delle loro responsabilità? Parlatene.
3. Cosa pensate dell'efficienza del sistema sanitario nel vostro Paese? Cosa dovrebbe migliorare e perché, secondo voi? Scambiatevi idee.
4. Leggete il primo testo (*Siamo ammalati di farmaci*) e riassumetelo in breve; non preoccupatevi di parole sconosciute.
5. Il fenomeno dell'eccessivo consumo di medicine si manifesta anche nel vostro Paese? Di chi credete sia la colpa? Voi prendete medicine su consiglio del medico, del farmacista o di amici e parenti?
6. Leggete il grafico in alto e descrivetelo. Ultimamente si ricorre sempre di più alle cosiddette terapie alternative o naturali. Cosa ne sapete e cosa ne pensate? Parlatene.
7. Quali sono i segreti per un benessere fisico e mentale? Quanto ci aiuta la medicina moderna?
8. Leggete il secondo testo (*Aids*) e riassumetelo in breve; non importa se avete parole sconosciute. Che effetto vi fa questa storia?
9. Negli anni '80 e '90 l'Aids aveva provocato una sorta di panico; perché oggi ci fa meno paura? Secondo voi, abbiamo superato i pregiudizi nei confronti dei malati di Aids?
10. In che modo l'Aids ha influenzato la nostra vita, la nostra moralità? La gente e i vostri coetanei sono abbastanza consapevoli dei rischi? E voi, ne avete paura?

Siamo ammalati di farmaci

Le Nazioni Unite hanno lanciato l'allarme: buttiamo giù una valanga di pillole. Di ogni tipo. Che, invece di farci bene, ci fanno male. Colpa di medici poco attenti. Ma soprattutto colpa nostra.

Li ingurgitiamo come se nulla fosse. Come se, invece di pillole o sciroppi, avessimo tra le mani caramelle e bibite. E di farmaci ci ammaliamo. Proprio così. A lanciare l'allarme sono le Nazioni Unite che nell'ultima relazione dell'International narcotics control board parlano di "droghe da farmacia". Sotto accusa l'eccessivo consumo di tranquillanti. "L'abuso di ansiolitici" - si legge nella relazione - "è molto aumentato in Europa e negli altri Paesi sviluppati, dove alcuni medici prescrivono questi farmaci per lunghi periodi e per una gamma di sintomi troppo vasta e discutibile". Ma l'abbuffata di pillole non si limita agli psicofarmaci. In Italia ogni anno vengono rilasciate circa un miliardo e mezzo di prescrizioni. "Troppe" - dice il neurobiologo Giovanni Scapagni. "Il nostro Paese è molto severo quando si tratta di mettere in commercio nuovi farmaci. Eppure questa rigidità viene smentita proprio dai medici, di "manica larga" quando si tratta di prescriverli. La tendenza a usare troppe medicine è aggravata dai pazienti che spesso decidono da sé quando e come assumere i farmaci. E che prestano a parenti e amici i prodotti che hanno trovato più efficaci".

tratto da *Donna moderna*

Aids

Una mattina di domenica, all'Ospedale San Matteo di Pavia, nel reparto per i colpiti dall'Aids. La mia vita di giornalista è segnata da tanti nomi e da tanti volti: ma non dimenticherò mai la faccina rotonda del bimbo Michael, che ha perso i capelli e gioca con Pinocchio.

È un giorno di festa anche qui dentro e Michael aspetta la nonna che gli porterà gli spaghetti. Forse pensa che potrà uscire dalla stanza dove vive, da prigioniero, con sua madre, e correre nel corridoio con altri due piccoli ricoverati: non sa che Mirko non c'è più. «È andato a casa» dice.

Guardo il mio camice di carta verde, e un po' mi vergogno: è per difendermi o per proteggerli? Anche un raffreddore può ucciderli.

Che parte ha il sesso in queste vicende? Pareva che l'antica morale fosse sepolta, con l'ondata di libertà degli anni Sessanta; poi c'è stata la pillola, che eliminava l'angoscia delle gravidanze involontarie; poi è arrivata questa epidemia che colpisce soprattutto chi si abbandona a comportamenti rischiosi, come gli stupefacenti o i rapporti omosessuali, ma il contagio insidia anche chi pratica rapporti "normali". Non tutti sono casti o rispettano gli obblighi della fedeltà, o cercano una ragionevole sicurezza nei profilattici.

È per questo che ci sono ragazze che ricorrono alla fecondazione artificiale? È per questo che hanno inventato l'amore telematico, il messaggio che arriva non con una mano che cerca un'altra mano, ma via Internet?

Di che cosa sono colpevoli? Con l'Aids, sono cambiati i nostri comportamenti, più prudenza o più rassegnazione? O più cinismo? Intervistato, un liceale parigino ha dato una risposta che sembra condivisa da tanti suoi coetanei: «L'Aids? Ho le stesse probabilità di attaccarmelo come di vincere la lotteria».

Questa volta un biglietto è stato estratto anche per il bimbo Michael: sua madre, nascosta in un angolo, piangeva silenziosamente e lui aspettava il fratellino che poteva vedere soltanto dietro un vetro, senza toccarlo.

adattato da *I come italiani* di E. Biagi, Rizzoli ed.

Guerra e servizio militare

lessico utile (glossario a p. 120)

soldato / militare
servizio militare / di leva
fronte / campo di battaglia
divisa / uniforme
accademia militare
carriera militare
difesa
Forze Armate

Esercito / Marina / Aeronautica
caserma
essere chiamato alla leva
arruolarsi
obiettore di coscienza
alleato / alleanza
armamenti
armi nucleari

combattere
difendere la patria
nazionalismo
scoppiare
guerra civile
eroe / eroismo
la N.A.T.O. / l'O.N.U.
profughi di guerra

1. Descrivete le due foto mettendole a confronto.

2. Che cosa pensate del servizio militare? È una cosa indispensabile o no? Scambiatevi idee. Quali difficoltà affronta un soldato di leva, specialmente se molto giovane?

3. Che idea avete degli obiettori di coscienza? Secondo voi, chi rifiuta di prendere le armi è un traditore o un idealista?

4. Leggete il primo testo (*Donne soldato, ma con poco trucco*), riassumetelo e commentatelo, senza preoccuparvi di parole sconosciute. Secondo voi, è giusto che anche le donne prestino servizio militare o la difesa della patria deve essere un obbligo riservato agli uomini? Motivate le vostre risposte.

5. Cosa pensate dei militari professionisti, uomini o donne che siano? Perché credete scelgano la carriera militare e quali possono essere i pro e i contro di questa professione?

6. Nel secondo testo (*Perché oggi ci sono ancora tante guerre?*), un alunno della scuola elementare parla della guerra; leggetelo e commentatelo in breve. Per quali motivi si fanno ancora guerre? D'altra parte, a chi non conviene la pace? Motivate le vostre risposte.

7. La guerra, così orrenda e disumana, ci può forse far capire e apprezzare meglio certe cose. Parlatene.

8. Cosa pensate delle incredibili somme che ogni Paese "investe" in armi sempre più sofisticate e così disastrose? Siete d'accordo con il detto "Facciamo la guerra per poter vivere in pace"?

9. Leggete il testo della canzone di Amedeo Minghi e commentatela. Perché, secondo voi, la guerra è diventata quasi uno show, un videogame in diretta? Questo fatto ci rende più o meno sensibili?

10. L'uomo moderno, secondo voi, vuole veramente porre una fine alla guerra? Pensate ai mass media, ai libri di storia scolastici, ai giocatoli dei bambini e parlatene.

Guerra e servizio militare

Donne soldato, ma con poco trucco

Diventa sempre più realistica la possibilità per le donne di indossare l'uniforme. In attesa delle necessarie conferme legislative, la Difesa ha nel frattempo preparato uno studio di regolamenti in materia di comportamento, abbigliamento e trucco femminile che le ragazze dovranno osservare una volta entrate nelle caserme e accademie. Ecco alcuni punti interessanti:

• Le gonne devono essere lisce.
• I capelli devono essere raccolti per consentire il corretto uso dei capi di equipaggiamento.
• Per la biancheria intima, le ragazze provvederanno da sole: si potrà ricorrere al libero mercato.
• Il trucco deve essere discreto ed è vietato lo smalto alle unghie. Inoltre, è vietato l'uso di gioielli ad esclusione della fede e di discreti orecchini.

• In tema di rapporti sentimentali tra allievi, si considera "opportuno" vietare espressamente ogni tipo di atteggiamento o rapporto romantico in pubblico o in privato nell'ambito delle strutture militari. Lo studio di gruppo tra allievi di sesso diverso in camerette potrebbe essere consentito con il solo obbligo di tenere la porta aperta.

adattato da la Repubblica

Perché, secondo te, oggi ci sono ancora tante guerre?

Oggi ci sono ancora tante guerre perché è il diavolo, è lui che le fa scatenare. Lui entra nella testa dei capi del mondo e gli dice: "Scatena subito una guerra!" e se il capo gli dice: "Ma io proprio ora ne ho finita una", il diavolo gli dice: "E che me ne importa! Tu scatenane un'altra".
Così, visto che i diavoli sono tanti, ognuno va a parlare nell'orecchio di un capo, e scoppia la guerra mondiale.
L'uomo più cattivo della storia è stato Hitler, più cattivo di Nerone e di Lutero, perché per colpa del diavolo ha ucciso cento milioni di ebrei, e li ha trasformati in saponette, candele e dopobarba.
Or ora che sto scrivendo, proprio or ora, il diavolo sta preparando la terza guerra mondiale, perché lui non si stanca mai di fare il male!

adattato da Io speriamo che me la cavo di Marcello D'Orta, Oscar Mondadori ed.

Teledipendenti indifferenti

C'è la guerra,
la stanno trasmettendo
e tutto il mondo la sta guardando,
tutto il mondo.

C'è la guerra
vera, ma distante
ed è rassicurante
stringersi intorno al telecomando
come sempre.

Ma guarda come brilla nella notte scintilla
Questa guerra è più bella di un videogame
veramente
E senti quanti spari che assordanti rumori
questa guerra è uno sballo in stereofonia

certamente.

Altre scene
bombe intelligenti
sanno evitare il cuore
ma non saprebbero dire il nome
di chi muore.

E come tra due squadre
in uno stadio che esplode
questa guerra è un mondiale, chi vincerà?
veramente.

Finisce qui lo show
sogni d'oro.

testo - ridotto - di Amedeo Minghi

La terza età

lessico utile (glossario a p. 121)

anziano / vecchio
la vecchiaia
invecchiare / invecchiamento
ospizio / casa di riposo
andare in pensione
pensionato
previdenza sociale
assistenza medica

vivere a lungo
longevo / longevità
ultra centenario
l'età media
età anagrafica e biologica
settant'anni portati bene
malessere
rassegnato

attivo / energico
abbandonare
solitudine
isolamento
depressione / depresso
saggezza
gerontologo
spaventapasseri

1. Descrivete le due foto mettendo a confronto gli anziani in esse raffigurati.
2. Dal punto di vista pratico, la vita di un anziano è oggi più facile o più difficile rispetto al passato e perché? Come affrontano questa età gli anziani stessi, specialmente dopo essere andati in pensione?
3. Qual è oggi l'importanza delle persone anziane nella famiglia, in una società in cui le tradizioni e i valori tendono a perdersi? Motivate le vostre risposte.
4. Leggete il primo testo (*Tra fitness e università*) e riassumetelo in breve; non importa se avete parole sconosciute. Cosa pensate degli anziani descritti nel testo?
5. Ovviamente non tutte le persone anziane sono così; quali sono i maggiori problemi che devono affrontare? Scambiatevi idee.
6. Molti anziani passano gli ultimi anni della loro vita in ospizi. Quali sono i lati positivi e negativi in questo caso? D'altra parte, cosa fa lo Stato per rendere questi anni "d'argento" meno difficili?
7. Osservate il grafico della pagina seguente e descrivetelo. Cercate di spiegare i motivi dell'aumento della durata della vita.
8. Quali problemi si dovranno affrontare in una società sempre più popolata da anziani? Voi vorreste vivere così a lungo o no? Parlatene.
9. Leggete il secondo testo (*Invecchiare*), riassumetelo in breve e commentatelo, senza preoccuparvi di parole sconosciute.
10. Molte persone hanno paura della vecchiaia; come si può invecchiare bene, con dignità, ma anche con pochi problemi di salute?

La terza età

TRA FITNESS E UNIVERSITÀ
Ritratto dei nuovi anziani

Informato, curioso, soddisfatto di sé. Attento al fumo, al colesterolo. Capace di far fronte ai piccoli malesseri senza drammatizzare. Spesso sportivo e magari impegnato nel volontariato. Pronto a partire per vacanze a volte faticose e, quando possibile, ancora in piena attività lavorativa. È l'identikit del nuovo anziano, in cui la parola "anziano" ha sempre meno significato. Gli esperti non hanno dubbi: sotto i 75 anni (per chi è sano e con un reddito medioalto) il problema vecchiaia non esiste. «Su 100 persone sopra i 65 anni» dice il gerontologo Fabrizio Fabris «solo 5 hanno problemi di dipendenza gravi».

Lo aveva già messo in luce un'indagine Eurisko di qualche anno fa. «Ora però» - fa sapere Claudio Bacio, autore dello studio e docente di psicologia all'università di Milano - «il divario tra la nuova e la vecchia immagine dell'anziano (solo, malandato e povero) si è fatto più profondo. Insomma, sta sparendo la via di mezzo».

Per gli ultra 65enni più fortunati le cose sono cambiate radicalmente rispetto a qualche decennio fa. Ora fanno progetti, curano il proprio aspetto, hanno maggiori interessi e relazioni sociali. Basti pensare alle università della terza età: nel giro di dieci anni sono raddoppiate. Mentre i frequentatori si sono fatti più esigenti. «Chiedono meno conferenze e più corsi» spiega Maria Vittoria Nodari della Federuni, che raccoglie 209 centri per un totale di 50 mila iscritti. «Vogliono intervenire e approfondire. E c'è una grande richiesta di corsi di psicologia».

La ragione? «Oggi» - commenta Bosio - «il concetto di benessere è sempre meno dominato dalla dimensione materiale. L'accento si sta spostando sull'esperienza e sulla qualità delle relazioni che si vivono».

tratto da Panorama

INVECCHIARE

Adesso l'età non spaventa più come un tempo. Il problema è quello di imparare a invecchiare e a non lasciarsi sorprendere dall'invecchiamento. Quella zia presa in giro per i capelli blu o quella suocera, alla soglia dei settanta, tinta bionda per assomigliare almeno nel colore dei capelli alla nuova amante del marito che ha vent'anni meno di lei, saranno due spaventapasseri da evitare ad ogni costo. Come pure non ci si abbandonerà sulla bonaria e grassottella immagine della casalinga di buonsenso dedita più alle nipotine e alla marmellata che a se stessa. Se la casalinga rassegnata è insopportabile, ancora più anziana e comica appare la sessantenne notoriamente vittima sia dei troppi lifting che delle troppe rughe, la quale affida tutta la sua gioia di vivere o al bisturi del chirurgo plastico o alle carezze del giovanotto. I giovanotti e le giovinette, con cui molti pensano di vincere la battaglia degli anni che passano, sono come le vitamine che fanno bene a chi sta già bene, ma non hanno mai risolto un caso disperato. Di disperato, nella vecchiaia, c'è infatti solo la paura di invecchiare.

tratto da Cose da sapere di Lina Sotis, Oscar Mondadori ed.

Droga

lessico utile (glossario a p. 121)

drogarsi

sostanze stupefacenti

siringa

bucarsi

drogato / tossicodipendente

"fatto"

eroina / cocaina

eroinomane / tossicomane

overdose

marijuana / hashish

droghe leggere / pesanti

spinello

pillola

assuefatto

assuefazione / dipendenza

traffico / spaccio di droga

spacciare

trafficante / spacciatore

proibire

liberalizzazione / legalizzazione

somministrazione controllata

metadone

astinenza

centro di recupero

comunità di accoglienza

disintossicazione

disintossicarsi

dibattito

polemica

repressione - prevenzione

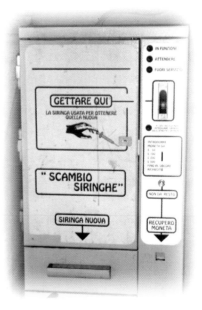

1. Descrivete le due foto e commentatele.
2. È molto sentito il problema della droga nel vostro Paese? Parlatene. Cercate di fare l'identikit del drogato medio.
3. Quando, come e, soprattutto, per quali motivi un giovane comincia a drogarsi? Scambiatevi idee.
4. Riferite le vostre esperienze personali in relazione alla droga: se vi è stata offerta e in quali circostanze, se conoscete di persona qualcuno che ne fa uso, ecc..
5. Leggete il primo testo (*Droga controllata, un dilemma atroce*) e riassumetelo in breve senza preoccuparvi di parole sconosciute.
6. Ora leggete il secondo testo (*Attenti, o finirà come con le sigarette*) e riassumetelo in breve.
7. Con quale dei due punti di vista siete d'accordo e perché? Scambiatevi idee.
8. Oltre alla legalizzazione o meno della droga, in quali altri modi si può affrontare il problema, sia a livello di prevenzione che a livello di cura? Scambiatevi idee.
9. Come vengono trattati i tossicodipendenti? Esiste forse una sorta di razzismo nei loro confronti? Voi cosa pensate di queste persone?
10. Secondo voi, ci deve essere una differenziazione delle pene previste per gli spacciatori di droga e i drogati? La giustizia è efficace da questo punto di vista? Motivate le vostre risposte.

Droga

Droga controllata: un dilemma atroce

Commenta il cardinale Ersilio Tonini

Cardinale, che cosa pensa delle polemiche sulla cosiddetta droga controllata?

"Il dibattito è acceso in tutti i Paesi europei, dove il denaro che corre intorno alla droga raggiunge cifre miliardarie. Un chilo di eroina vale quanto 15 chili di oro puro. Ed è logico che tutto intorno si sviluppi un impero vasto quanto la Terra, spregiudicato come le potenze del male. Con al servizio un esercito di militanti pronti a tutto, in collegamento con la mafia. Flussi di miliardi che vanno ad alimentare il traffico delle armi, la prostituzione e la pedofilia. Se poi si aggiunge la serie di crimini dei quali questo traffico si nutre, si capisce bene come il fenomeno della droga abbia finito per rappresentare un pericolo mortale non solo per l'ordine pubblico, ma per la stessa sicurezza delle nazioni".

L'obiettivo è quindi ostacolare questi traffici.

"È chiaro che la lotta contro la droga esige soluzioni adeguate che vanno ben oltre l'attenzione e la salvezza del singolo. È quel che si è verificato in Olanda e in Svizzera dove, non potendo sradicare i traffici alle loro sorgenti, si è pensato di tagliare il problema alla radice. Come? Affidando allo Stato la somministrazione delle dosi di droga ai singoli, così da controllare chi ne fa uso e soprattutto costringendo il traffico di stupefacenti a venir tutto intero allo scoperto".

adattato da Donna moderna

Attenti, o finirà come con le sigarette

Proibire o legalizzare? Risponde Luigi Gessa, neuropsicofarmacologo dell'Università di Cagliari.

Quali sono i rischi della marijuana?

"Fumare dà una sensazione di euforia, fa sentire più intelligenti. In realtà si è visto che i processi cognitivi diminuiscono: chi fuma impara meno e ricorda meno, anche se ha l'impressione contraria.

La cannabis può creare dipendenza?

"Sì, anche se in misura molto inferiore alle droghe legali: nicotina e alcol. Sebbene non ci siano sintomi di astinenza evidenti, può restare una sensazione di malessere che spinge a procurarsi altra droga".

Quindi lei è sfavorevole alla legalizzazione?

"Se legalizzare vuol dire, come succede, sottovalutare i danni delle droghe, allora non sono d'accordo".

Che cosa pensa della "teoria del passaggio" secondo cui le droghe leggere sono la porta di ingresso per quelle pesanti?

"Non c'è alcuna prova scientifica che lo spinello invogli al consumo di eroina. Ma non c'è da stupirsi se chi diventa eroinomane passa prima attraverso le droghe leggere, così come prima ancora conosce il fumo di sigaretta e l'alcol. Però sono altre le ragioni per cui un individuo diventa eroinomane. Per esempio l'emarginazione".

Quali sono i rischi e i benefici della legalizzazione?

"Oggi il consumatore si rifornisce in un mercato nero che è spesso lo stesso di altre droghe, inclusa l' eroina: conosce persone che possono indurlo a fare uso di sostanze più pericolose. D'altra parte sono convinto che con la legalizzazione il consumo di cannabis aumenterebbe moltissimo".

Insomma, non è facile decidere...

"No. Personalmente guardo alla legalizzazione con molto timore. Uno Stato che non reagisce di fronte alla propaganda delle droghe legali, non ostacolerà neppure la promozione dei derivati della cannabis. E un prodotto a buon prezzo e ben pubblicizzato ha una platea di consumatori molto più vasta di quando è proibito".

adattato da L'Espresso

Giustizia, carceri e pene

lessico utile (glossario a p. 121)

tribunale
processo
giudice / magistrato
giuria
infrangere / violare la legge
commettere un reato / crimine
criminale / delinquente
colpevole / innocente
condannato a morte

a 20 anni di reclusione
all'ergastolo / ai lavori forzati
agli arresti domiciliari
fare appello
essere assolto
errore giudiziario
risarcimento / risarcire
detenuto / carcerato
carcere / prigione / galera

penitenziario
grazia
esecuzione
sedia elettrica / iniezione letale
delitto efferato
sistema legislativo / legislazione
applicare la legge
sentenza / verdetto
imparziale / imparzialità

1. Osservate la prima foto in alto a sinistra e descrivetela.
2. Sulla cattedra del giudice è scritto "La legge è uguale per tutti". Credete che la giustizia sia sempre imparziale? Da quali fattori potrebbe essere influenzata?
3. Leggete il primo testo (*Ha fatto due anni in carcere ma era innocente...*) e riassumetelo in breve; non importa se avete parole sconosciute. Secondo voi, basta un risarcimento o una scusa ad una persona che per errore finisce in galera?
4. A vostro parere, perché è stato condannato quest'uomo se le prove non erano sufficienti?
5. Osservate la seconda foto, descrivetela e commentatela. Che effetto vi fa?
6. Cosa sapete delle condizioni di vita nelle carceri? Quanto vengono rispettati i diritti dei detenuti durante la reclusione? Secondo voi, meritano qualcosa di meglio o no?
7. Come vengono trattate dalla gente queste persone una volta uscite dal carcere? In che modo i penitenziari potrebbero diventare più utili alla società e ai detenuti stessi?
8. Leggete il secondo testo (*La pena di morte vista e combattuta all'italiana*) e riassumetelo in breve, senza preoccuparvi di parole sconosciute.
9. Siete generalmente pro o contro la pena di morte? Perché credete che si applichi ancora in tanti Paesi? Motivate le vostre risposte.
10. Qual è, secondo voi, la pena giusta per delitti violenti ed efferati? Sarebbe giusto dare a tutti una seconda opportunità?

Giustizia, carceri e pene

Ha fatto due anni in carcere ma era innocente: risarcito con 50 milioni

BARI - Cinquanta milioni di lire per cancellare 2 anni di carcere trascorsi con l'infamante accusa di aver violentato la nipotina. Cinquanta milioni di scuse per colmare le "sofferenze di carattere psicologico e morale" di un disoccupato di 30 anni, Nicola C.. Sono contenute in due paginette scritte a mano da un giudice, le scuse dello Stato al "bruto" del rione Carbonare al quale oggi viene liquidato l' "equo risarcimento per l'ingiusta detenzione subita". Il "mostro", dopo la condanna di primo grado a 6 anni di reclusione, è stato assolto e scarcerato in febbraio, "perché il fatto non sussiste", dalla Corte di appello di Bari. I giudici di secondo grado non hanno creduto alle accuse, poi ritrattate, della ragazzina, alle quali aveva creduto, invece, il magistrato Michele Emiliano, nonostante la ritrattazione della "vittima" che affermò al processo di aver detto cose non vere perché in quel momento era "molto nervosa".

adattato dal *Corriere della sera*

La pena di morte vista (e combattuta) all'italiana

E così gli occhi di Joseph O'Dell, l'indiano Cherokee di 54 anni condannato a morte perché accusato di avere stuprato e ucciso nel 1985 una donna di 43 anni, si sono chiusi senza svelare il loro segreto. Il *New York Times* del 24 luglio ha titolato: *Man executed despite protest from the Pope,* un uomo giustiziato malgrado la protesta del Papa. Una notizia su una colonna.

Gli americani sono rimasti esterrefatti di come l'Italia avesse preso a cuore le sorti di O'Dell, e mentre sono poco meno di cento i condannati che saranno messi a morte in America quest'anno. Sui giornali americani pochissime sono state le voci che si sono levate a sostegno della sua innocenza. «È come se gli italiani ci odiassero» hanno detto i parenti di Helen Schartner, la donna che nel 1985 era stata uccisa in condizioni particolarmente efferate.

E del resto il fronte innocentista italiano oscillava tra le posizioni del Papa, la massima autorità al mondo nel dire che «solo Dio può disporre della vita umana», e atteggiamenti a dir poco euforici come quelli del sindaco di Palermo, che ha conferito a O'Dell la cittadinanza onoraria della sua città. Era un omaggio a uno di cui si sapeva di certo che fosse innocente, o la protesta contro l'atrocità del mettere a morte freddamente e gelidamente?

"Contro O'Dell c'è una montagna di prove" ha continuato a sostenere il governatore della Virginia, George Allen, uno particolarmente sensibile a quell'oltre 70 per cento di americani che vogliono che un condannato a morte "frigga", punto e basta. Quando ha comunicato che pur rispettando gli appelli del Papa, aveva deciso di respingere la richiesta di grazia, Allen ha rifiutato la definizione della pena di morte come di una vendetta: «È un segno di giustizia verso Helen Schartner, che noi amavamo, e un segno di responsabilità verso O'Dell».

Responsabilità nel senso che chi ha sbagliato deve pagare. E in una recente trasmissione televisiva, dov'erano interrogati alcuni degli oltre tremila condannati a morte che in America stanno aspettando l'esecuzione, molti di loro si sono dichiarati d'accordo con questa filosofia. Una filosofia molto americana e così poco italiana, la filosofia secondo cui a ciascuno tocca una *retribution* per ciò che ha fatto. Una filosofia difficile da accettare per quanti di noi sono sempre e comunque contrari alla pena di morte. Una filosofia che non si combatte concedendo cittadinanze onorarie all'uno o all'altro dei condannati a morte.

tratto da *Panorama*

Uomo e ambiente

lessico utile (glossario a p. 121)

proteggere / salvaguardare
energia alternativa
energia solare / eolica
coscienza / mentalità ecologica
associazioni ambientalistiche
ambientalisti
inquinamento atmosferico
inquinamento delle acque
inquinamento acustico
inquinare
smog / gas di scarico
Paesi industrializzati
rifiuti tossici / radioattivi
energia nucleare
anidride carbonica
buco dell'ozono
effetto serra
degrado ambientale
risorse naturali
riciclaggio
raccolta differenziata
materie biodegradabili
ecosistema
disboscamento
disperdere
risorse idriche

1. Descrivete le foto mettendole a confronto.
2. Chi di voi lascerebbe volentieri la città per andare a vivere in campagna? Motivate le vostre risposte.
3. Quali sono le principali cause dell'inquinamento? Scambiatevi idee.
4. Cosa sapete delle forme alternative di energia (solare, eolica ecc.) e quanto vengono utilizzate nel vostro Paese? Perché, secondo voi, non sono ancora molto diffuse e non hanno sostituito il petrolio?
5. C'è chi sostiene che i colpevoli del degrado ecologico della Terra siano le grandi industrie; altri, invece, credono che la colpa sia di tutti noi consumatori. Voi cosa ne pensate? Motivate le vostre risposte.

6. Leggete il testo (*Voglio vivere in modo verde*) e riassumetelo in breve. Non importa se avete parole sconosciute.
7. Quali di questi consigli conoscevate già e quali applicate? Cos'altro si potrebbe fare?
8. Siete in genere ottimisti per il futuro del pianeta o no? Come immaginate che sarà l'ambiente naturarale in cui vivranno le generazioni future? Motivate le vostre risposte.

domande 9 e 10 →

Uomo e ambiente

Risparmiare acqua, scegliere cibi senza imballaggi, usare borse di cotone.
Piccoli trucchi per diventare ecologici.

Voglio vivere in modo "verde"

Quanti di noi accettano di rinunciare alle comodità di tutti i giorni pur di fare qualcosa per salvaguardare l'ambiente? Pochi, almeno fino a oggi. Ora la situazione comincia a cambiare. Uno studio condotto in 29 Paesi dall'istituto di ricerche Eurisko, rivela che il 52 per cento degli italiani è disposto a fare sacrifici per salvare la Terra. "La sensibilità verso l'ecologia sta crescendo" dichiara Giovanna Guidorossi, responsabile italiana della ricerca. Lo dimostrano anche i risultati di una grande campagna, appena conclusa, promossa dall'Unione Europea. In 8.000 scuole italiane sono stati distribuiti questionari, in cui si chiedeva alle famiglie di suggerire un elenco di comportamenti ecologici. "Le risposte confermano che la gente sa cosa significa adottare uno stile di vita più compatibile con l'ambiente" dice Grazia Francescato, portavoce del Wwf internazionale. "Molte persone, però, chiedono di non rinunciare del tutto alle comodità". Una pretesa inconciliabile con il rispetto per la natura? Non proprio. Ecco alcuni suggerimenti:

In casa. Per ridurre i problemi ambientali provocati dai nostri rifiuti, occorre cominciare a risparmiare energia. Per fornire l'energia necessaria a tenere acceso lo scaldabagno elettrico giorno e notte, una centrale elettrica consuma, in un anno, 330 litri di petrolio. "Questo significa immettere nell'atmosfera 2.100 chili di anidride carbonica, uno dei principali fattori di inquinamento" spiega Grazia Francescato. "Se invece si limita l'accensione a sei ore al giorno, si consuma e si inquina meno della metà. Lo stesso vale per la lavastoviglie: concentrare i piatti in un solo lavaggio quotidiano vuol dire non solo risparmiare sulla bolletta della luce, ma anche disperdere nell'aria il 50 per cento in meno di gas. L'abitudine di tenere il televisore con il led rosso acceso, poi, in un anno consuma tanta energia quanto basta per illuminare una città media. Quando non è in funzione, quindi, costa poco spegnerlo". Piccole abitudini che non cambiano la vita, ma che sono importanti per l'ambiente. Come l'attenzione al consumo di acqua. "La disponibilità di risorse idriche sta diminuendo", spiega Anna Ciaperoni, responsabile di Federconsumatori. "Per i soli usi domestici, ogni italiano consuma 213 litri d'acqua al giorno. Farne un uso più accorto è importante: per esempio, chiudere il rubinetto mentre ci si lava i denti fa risparmiare dai quattro ai sette litri d'acqua. Attenzione, poi, alle perdite: da un rubinetto che gocciola ne escono fino a 50 litri al giorno".

tratto da Donna Moderna

9. In Italia ci sono molte associazioni ambientalistiche, come *Legambiente*, *Wwf*, *Greenpeace*, ecc., a cui aderiscono moltissimi volontari. Nel vostro Paese è abbastanza diffusa una mentalità ecologica o no? Siete a conoscenza di iniziative per la tutela dell'ambiente da parte dei cittadini e dello Stato?

10. Descrivete la foto a destra e commentatela. Nella vostra città è organizzata la raccolta differenziata e con quali risultati? Voi contribuite in qualche modo al riciclaggio o no e perché?

Matrimonio sì, matrimonio no

lessico utile (glossario a p. 122)

sposarsi / mettere su famiglia
matrimonio religioso / civile
sposo / sposa
istituzione
nucleo familiare
coppia
moglie / marito / coniugi
divorziare / separarsi / lasciarsi

chiedere il divorzio
in aumento / in calo
divorzio consensuale
gli alimenti
assegno di mantenimento
proprietà
litigare / lite / litigio
incompatibilità di carattere

incomunicabilità
incomprensione
egoismo / individualismo
routine
tradimento
relazione extraconiugale
convivenza / conviventi
partner / compagno

1. Descrivete e commentate le due foto.
2. Credete che nella società moderna il matrimonio sia ancora importante, oppure sta "passando di moda", come dimostrano le statistiche? Motivate le vostre risposte.
3. Per quali motivi una coppia può arrivare al divorzio? Quali sono, secondo voi, gli elementi su cui si deve costruire una famiglia felice? Scambiatevi idee.
4. Leggete il primo testo (*Si sposano meno e si lasciano subito*) e riassumetelo in breve; non importa se avete parole sconosciute. Siete d'accordo con quanto avete letto?
5. Quali possono essere le conseguenze di un divorzio (a livello pratico, psicologico, ecc.) sia per gli ex coniugi, sia, soprattutto, per i figli?
6. Nel passato una donna divorziata era spesso stigmatizzata; esistono tali pregiudizi oggi?
7. Leggete il grafico (*Chi divorzia di più*) e descrivetelo. Perché, secondo voi, al "ricco" Nord si divorzia di più che al "povero" Sud? Scambiatevi idee.
8. Convivenza: che vantaggi o svantaggi ha in confronto al matrimonio? Credete che i giovani dovrebbero convivere prima di sposarsi?
9. Leggete il secondo testo (*Tra figlie e governo*) e riassumetelo in breve. Fareste la stessa scelta?
10. Oltre ai genitori divorziati o separati, negli ultimi anni sono in aumento i genitori single; quali sono i motivi di questa tendenza e cosa ne pensate? Motivate le vostre risposte.

Si sposano meno e ... si lasciano subito

Separarsi per nulla. Come se un matrimonio fosse solo il tentativo di migliorare una vita da soli. Davanti a una piccola prova fallita sembra inutile mettere in scena un grande dolore. Ma poi forse è più facile rompere un matrimonio, qualcosa di chiuso, una prigionia senza fughe, che una lunga relazione più facilmente trascinata. "È l'individualismo che trionfa" ritiene Anna Maria Bernardini De Pace, avvocato, esperta di separazioni e di divorzi. "Nessuno dentro una coppia è disposto a sacrificare un millimetro del proprio io. Questi ragazzi hanno vite cucite su misura per stare da soli: carriere fulminanti, soldi, viaggi, tantissimi amici intorno. E non dimentichiamo che sono figli di persone che nel '68 hanno lottato per una libertà totale. E oggi vogliamo raccontargli che il matrimonio deve essere un impegno per la vita?". Bernardini De Pace racconta che almeno il 10 per cento delle sue cause arrivano da matrimoni durati meno di 18 mesi. E da sposi tra i 29 e i 36 anni.

Forse la verità va cercata dentro questa generazione così studiata, ma così poco capita. Parlano di generazione fantasma. Senza valori e senza ideali forti. Quella che non ha avuto il coraggio di scegliersi il proprio destino. Ma Paolo Bianchi, giornalista e autore del bel saggio *Avere trent'anni* (sottotitolo "*e vivere con la mamma*"), spiega invece che "questa è una gioventù quasi adulta, rassegnata e cinica certo, ma non vuota. È troppo protetta dalla famiglia. E non ha ragione di sopportare matrimoni difficili".

tratto da Panorama

Tra figlie e governo

Anche nel governo c'è una mamma single. È Katia Bellillo, ministro degli Affari regionali. Una bella signora di 47 anni, che ha due figlie e nessun marito. L'abbiamo intervistata.

Lei non si è mai sposata. Perché?

"Per scelta: nel rapporto amoroso tra un uomo e una donna non c'è bisogno di certificati o contratti. È stata la mia sfida: provare che una donna si può realizzare non necessariamente nella coppia. Io, le bambine le ho avute con un uomo con cui in quel momento stavo davvero bene: però non è indispensabile avere un compagno vicino".

Ci spieghi come si fa a fare carriera e diventare ministro, con due bambine piccole e nessun uomo accanto.

"Con tanta fatica. E anche grazie a mio padre, che ha fatto da baby sitter alle figlie. Quando mi sono separata veniva a casa mia e ci restava tre giorni. Accompagnava le piccole a scuola, poi faceva la spesa e cucinava".

È vero che si è separata quando il suo compagno le ha detto di scegliere tra l'impegno di moglie e madre, e la politica?

Sì. Lui, mio coetaneo, è ingegnere, e non riusciva a sopportare che a lui toccava ridefinire i suoi ritmi di lavoro. Non accettava che gli chiedessi di tornare a casa quando ero impegnata".

E il bilancio, alla fine?

"È molto positivo. Ho un rapporto bello con le figlie, mi sento realizzata e non mi manca niente. Mi piace la mia vita libera".

Affronterebbe una nuova convivenza?

"Ma scherziamo?! Il partner, che stia fuori dalla porta. Da me non c'è posto, siamo già in troppi. E poi un uomo, appena entra in casa, si infila le pantofole. E io non ho tempo per rimetterle a posto".

tratto da L'Espresso

CHI DIVORZIA DI PIU'	
SEPARAZIONI	**DIVORZI**
Liguria 39,9%	Valle d'Aosta 26,2%
Valle d'Aosta 36,8%	Liguria 21,5%
Piemonte 30,1%	E.Romagna 19,6%

21 TOTALE ITALIA **11,8**

SEPARAZIONI	DIVORZI
Molise 10,2%	Campania 4,5%
Basilicata 9,5%	Calabria 4,4%
Calabria 9,2%	Molise 3,9%

Minori a rischio

lessico utile (glossario a p. 122)

infanzia
minorenne / maggiorenne
lavoro infantile
prostituzione minorile
violenza / abuso sessuale
molestia
sfruttamento
pedofilo / pedofilia

picchiare
maltrattare
prigioniero
schiavo
perverso / perversione
"mostro"
piaga sociale
minacciare / minaccia

orfano
orfanotrofio
denunciare
trauma / traumatizzato
malavita
incatenato
nel mirino
rapire / rapimento

1. Descrivete le foto mettendole a confronto. Che effetto vi fanno?
2. Brasile, India, Polinesia ecc.: come immaginate la vita dei bambini in questi Paesi? Quanto è diversa da quella dei bambini nei Paesi sviluppati o nel vostro? Parlatene.
3. Leggete il primo testo (*Schiavi bambini*) e riassumetelo in breve, senza preoccuparvi di parole sconosciute.
4. Molti, spesso anche i genitori stessi, sostengono che se questi bambini non lavorassero, non avrebbero da mangiare. Cosa ne pensate? Quali credete siano le vere cause? I genitori vanno puniti, secondo voi, e come?
5. Oltre ai genitori, chi credete siano i responsabili del lavoro minorile? Come si potrebbe risolvere il problema?
6. Quali saranno le conseguenze a lungo termine per questi ragazzi? Secondo voi, questo fenomeno riguarda solo i Paesi in via di sviluppo? Scambiatevi idee.
7. Leggete il secondo testo (*Il rischio è in famiglia*) e riassumetelo in breve; non importa se avete parole sconosciute. Che conseguenze possono avere sui bambini abusi del genere?
8. Ci sono problemi del genere nel vostro Paese? Quali credete siano le cause? Molti accusano anche Internet per aver facilitato la diffusione della pedofilia e il traffico di materiale pornografico. Cosa ne pensate?
9. Per quanto riguarda la prostituzione minorile, di chi è soprattutto la colpa e cosa si dovrebbe fare? Quale può essere il futuro di questi bambini? Parlatene.
10. Leggete l'ultimo brano e commentatelo. Nel vostro Paese ci sono servizi (come il *Telefono Azzurro* in Italia) che possano aiutare bambini vittime di violenza? In che modo potrebbero farlo?

Minori a rischio

Schiavi bambini

Ragazzi incatenati per sedici ore al giorno. Ad annodare tappeti. O cucire palloni. Nel mondo sono 250 milioni le vittime dello sfruttamento minorile.

Sono sempre più le ditte nel mirino delle organizzazioni che lottano contro lo sfruttamento del lavoro infantile. Asha ha 12 anni e lavora da quando si ricorda. Va a raccogliere rami secchi che poi rivende al bazar, a due passi dal Palazzo dell'UNICEF, nel centro di New Delhi. Sta seduta su mucchi di rifiuti puzzolenti, a separare la carta (riciclabile) dalla plastica (rivendibile). Oppure al cantiere, con sua madre: a trasportare sabbia, mattoni, pietre, dentro il cesto che porta sulla testa. Lo stesso in cui sua madre la metteva quando la prendevano a lavorare a giornata. Kakoli Rani Das, 13 anni, viene dal Bangladesh e ha sempre lavorato come domestica: a lavare panni e piatti e pavimenti per meno di 25 mila lire al mese. Una volta l'hanno lasciata sola in casa per due giorni senza mangiare. E per essersi permessa di prendere un po' di latte la padrona le ha bruciato la mano sui fornelli.

adattato da L'Espresso

Abusi sessuali sui minori: il rischio è in famiglia

Violenze domestiche - Una volta la casa e la famiglia erano valori sani, rassicuranti. Ora non più. O meglio: ecco che si scopre che proprio all'interno dei nuclei familiari si consumano il 90 per cento degli abusi sessuali verso i più piccoli. Due bambini italiani su mille subiscono maltrattamenti, le vittime ogni anno sono comprese tra 10.000 e 20.000. Numeri impressionanti, anche se le denunce sono bassissime. È uno scenario inquietante e preoccupante, quello che presenta il CENSIS.

Prostituzione minorile - In crescita, poi, la prostituzione minorile che ha avuto un aumento altrettanto preoccupante rispetto all'anno passato: da 1800 a 2500 baby-prostitute sono costrette a vendersi per strada, per la maggioranza bambine e adolescenti arrivate in Italia dall'Albania, dalla Nigeria e tenute prigioniere dai "grandi", per la maggior parte sfruttatori albanesi, gli stessi che controllano gli sbarchi clandestini verso le coste della Puglia e della Calabria.

tratto da la Repubblica

I giornali parlano spesso di violenze sessuali sui bambini...

A me per fortuna, m'accompagna mio nonno a scuola e mi viene pure a prendere. Così io sono al sicuro. Ma se nessuno mi accompagnasse o mi venisse a prendere io rischierei di brutto. A parte che potrei finire sotto un'auto, a parte che qualche spacciatore potrebbe offrirmi dei succhi di frutta drogati e i camorristi potrebbero obbligarmi a vendere in giro la cocaina, rischierei soprattutto che qualche mostro mi rapisse. A Floridiana, per esempio, ne conosco uno che con la scusa di giocare a pallone coi bambini se li porta a casa e li violenta.

Quei mostri di tanto in tanto escono sui giornali e si legge che hanno violentato bambini di qua e là, persino quelli della Materna! Perciò bisogna stare ben attenti a chi si dà confidenza. Io non do confidenza a nessuno, soprattutto ai mostri.

tratto da Romeo e Giulietta si fidanzarono dal basso di M. D'Orta, Oscar Mondadori ed.

Religione e ideologie

lessico utile (glossario a p. 122)

cristianesimo / cristiano   praticante   fanatismo
cattolicesimo / cattolico   religioso   superstizione
ortodossia / ortodosso   messa   parapsicologia
buddismo / buddista   prete / sacerdote   paranormale
islamismo / musulmano   monaco / monaca   astrologo
ebraismo / ebreo   Papa / Pontefice   medium
fede / fedele / infedele   pregare / preghiera   chiromante
credere in Dio   confessione   veggente
credente / ateo   battesimo   chiaroveggenza

1. Descrivete le foto mettendole a confronto.
2. Siete molto religiosi o no e perché? Cosa vi piace e cosa non vi piace della vostra religione?
3. Che importanza ha oggi la religione? Perché, secondo voi, l'uomo ha sempre creduto in qualche divinità? Potrà mai farne a meno? Scambiatevi idee.
4. Leggete il primo testo (*Non scegliete una religione come se foste al supermercato*), risposta di un prete ad una signora confusa tra varie religioni, e riassumetelo in breve; non preoccupatevi di parole sconosciute.
5. Quale altra religione vorreste conoscere e perché? Cosa fareste se vi piacesse più della vostra? È giusto, secondo voi, che la religione venga scelta dai genitori?
6. Leggete i due grafici, descriveteli e commentateli. Siete d'accordo con queste risposte? Voi cosa pensate dei preti e, in particolare, di quelli del vostro Paese?
7. Considerate la Chiesa del vostro Paese moderna e vicina ai fedeli, soprattutto ai giovani? Quali sono le posizioni della vostra Chiesa su tematiche come p.e. l'aborto o l'uso di anticoncezionali, e cosa ne pensate?
8. Nelle varie parti del mondo la religione viene vista in modi diversi: altri la vivono con fanatismo, altri la sfruttano per motivi politici, altri la "vendono" come un prodotto ad alto guadagno. Quale di questi "usi" considerate il più pericoloso? Motivate le vostre risposte.
9. Leggete il secondo testo (*Superstizione*), riassumetelo e commentatelo. Queste cose succedono anche da voi?
10. Perché tante persone (forse le stesse che vanno in chiesa) si rivolgono a medium, chiromanti, astrologi ecc.? Voi ci credete? Scambiatevi idee.

Religione e ideologie

Non scegliete una religione come se foste al supermercato

C'è una fotografia che a modo suo ha fatto storia. Risale al 1986 e ritrae il Papa ad Assisi, davanti alla basilica di San Francesco, al centro di una policroma schiera di rappresentanti delle più grandi religioni del mondo: monaci buddisti, iman musulmani, rabbini, religiosi indù, taoisti, oltre vescovi anglicani, pastori luterani e protestanti delle più svariate confessioni, vescovi e metropoliti ortodossi. Era il primo incontro fra i rappresentanti delle più grandi religioni del mondo organizzato dalla Comunità di Sant'Egidio. Incontro di preghiera, soprattutto, ma anche di conoscenza e pacificazione reciproca. Qualcuno gridò allo scandalo: ma che ci fa il Papa in mezzo a quella gente? Non è più vero che la religione cattolica è l'unica vera?

La risposta fu ed è questa: non è necessario ignorarsi, e tanto meno combattersi, per camminare e pregare insieme, e insieme contribuire alla costruzione di un mondo migliore. Non bisogna però neppure confondersi, anzi la comunione è tanto più autentica quanto più ciascuno rimane se stesso, fedele alla propria fede, aperto e tollerante verso gli altri.

Molte persone non si limitano più a una sola tradizione, ma attingono liberamente dall'una e dall'altra, secondo le preferenze e i bisogni del momento. Anche nei confronti di ciò che le religioni possono offrire, prevale il comportamento del consumatore. Piace passare da uno scaffale all'altro, scegliere ciò che più aggrada e ... pagare alla cassa. Come al supermercato, appunto. E questo è un pericoloso "fai da te".

adattato da Oggi

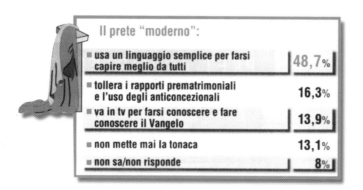

Il prete "moderno":

■ usa un linguaggio semplice per farsi capire meglio da tutti	48,7%
■ tollera i rapporti prematrimoniali e l'uso degli anticoncezionali	16,3%
■ va in tv per farsi conoscere e fare conoscere il Vangelo	13,9%
■ non mette mai la tonaca	13,1%
■ non sa/non risponde	8%

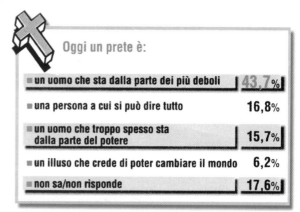

Oggi un prete è:

■ un uomo che sta dalla parte dei più deboli	43,7%
■ una persona a cui si può dire tutto	16,8%
■ un uomo che troppo spesso sta dalla parte del potere	15,7%
■ un illuso che crede di poter cambiare il mondo	6,2%
■ non sa/non risponde	17,6%

Superstizione

Gli italiani in genere, vogliono sapere: il loro rapporto con il mistico e l'invisibile è intenso. Esercitano 150.000 maghi che combinano affari ogni anno per 1.000 miliardi e sono protetti da sindacati.

I giornali ospitano la loro pubblicità e qualcuno appare anche in tv. Ai tradizionali chiromanti, cartomanti e veggenti si aggiungono gli ufologi, gli spiritisti, i sensitivi.

Hitler aveva il suo astrologo di fiducia, come la famiglia Reagan; Eisenhower si affidava ai tarocchi; tutti cercano di prevedere il futuro.

Ma c'è anche chi crede nell'oroscopo perché, secondo il filosofo Theodor Adorno, «soddisfa i desideri di persone convinte che altri sappiano su di loro e su quello che devono fare più di quanto non siano in grado di decidere loro stessi».

Quattro compatrioti su 5 lo consultano sui giornali e sulle riviste: le donne con maggiore intensità.

La chiaroveggenza è così diffusa, e la buona fede tanto sfruttata, che Piero Angela ha fondato un comitato di controllo di fatti presentati come paranormali e del quale fanno parte anche alcuni premi Nobel, come Rubbia e Rita Levi-Montalcini. Credo, purtroppo, con risultati modesti.

adattato da I come italiani, di Enzo Biagi, Rcs ed.

Il calo delle nascite

lessico utile (glossario a p. 122)

natalità / denatalità	in stato interessante	contraccezione
riproduzione	aspettare un bambino	aborto / abortire
in calo / in aumento	partorire	infanzia
il tasso delle nascite	crescere un bambino	maternità
invecchiamento nazionale	allattare	produttività
maternità	la cicogna	deformazione fisica
rimanere incinta	asilo nido	soglia minima
gravidanza	decremento demografico	rimpianto

ITALIA: POCHE NASCITE

IRLANDA	1,87
DANIMARCA	1,81
FINLANDIA	1,81
SVEZIA	1,74
REGNO UNITO	1,71
FRANCIA	1,70
LUSSEMBURGO	1,67
BELGIO	1,55
OLANDA	1,53
PORTOGALLO	1,41
AUSTRIA	1,40
Media Europea	1,40
GERMANIA	1,34
GRECIA	1,32
ITALIA	1,18
SPAGNA	1,17

Numero medio di figli per donna

Fonte: Istat.

1. Descrivete la foto in alto e commentatela. Cosa significa un bambino per una coppia?
2. Per quali motivi desideriamo avere figli? Voi vorreste averne?

3. Osservate il primo grafico in alto a destra e descrivetelo. Il calo delle nascite è un problema serio nel vostro Paese?
4. Perché, secondo voi, oggi si fanno meno figli? Scambiatevi idee.
5. Che conseguenze economiche (e forse anche sociali) ha per un Paese la denatalità? Motivate le vostre risposte.

6. Osservate il secondo grafico (...e più tardi di ieri) e descrivetelo. Come si può spiegare questo ...ritardo?
7. Leggete il primo testo della pagina seguente (Ridatemi il pancione) e riassumetelo in breve; non è necessario capire ogni singola parola.
8. Cosa potrebbe fare lo Stato per far fronte ad un problema così grave? Proponete, se potete, possibili soluzioni.

9. Leggete il secondo testo (Lavoro, pillola e libertà) e commentatelo.
10. Siete d'accordo con quanto dicono queste donne o no e perché? Motivate le vostre risposte.

Il calo delle nascite

...E PIÙ TARDI DI IERI

IRLANDA	30,2
OLANDA	30
ITALIA	29,8
SPAGNA	29,7
FINLANDIA	29,3
DANIMARCA	29,2
SVEZIA	29,2
FRANCIA	29
LUSSEMBURGO	28,9
Media Europea	28,9
BELGIO	28,5
GERMANIA	28,3
GRECIA	28,2
REGNO UNITO	28,2
PORTOGALLO	28,1
AUSTRIA	27,7

Età media della donna al parto

Fonte: Istat.

Ridatemi il pancione

1,18 figli per donna che nel linguaggio dei demografi significa che siamo drammaticamente sotto la soglia minima di riproduzione. Quasi tutti sanno che i lamenti e le pessimistiche previsioni di invecchiamento dell'Italia si sprecano, se perfino un giornale come il "Wall Street Journal" ha definito quella italiana come una "prospettiva apocalittica" di invecchiamento di una nazione. Tutto vero, se ci limitiamo a guardare le grandi cifre dei dati statistici. Eppure i segnali che l'aria sta cambiando ci sono eccome. Nella testa delle italiane, anche se le loro scelte continuano a essere quelle di prima, la maternità sta acquisendo sempre maggior valore. Il fenomeno è così accentuato che l'Istituto di ricerca della popolazione del CNR ha addirittura istituito un osservatorio per misurare la crescita del desiderio di maternità. Come spiega la responsabile Rossella Palomba, "il grafico che mostra il valore che viene dato ai figli va sempre più verso l'alto, in modo costante e inarrestabile". Può essere considerato un caso che in una categoria come quella delle capitane d'industria, che può disporre della sua vita e del suo denaro, oggi la media sia di due figli per donna?

tratto da L'Espresso

Quasi tutti sanno che dagli anni Ottanta l'Italia è diventato il paese al mondo che fa meno figli (anche se ultimamente è stato superato da un soffio dalla Spagna), piantato da tempo su quegli

Lavoro, pillola e libertà

Perché molte donne rinunciano ai figli? Lo spiegano alcune quarantenni.

CARLA RONCHI, sottosegretario alla Pubblica Istruzione: "Forse partivo dall'esperienza di aver dovuto praticamente allevare una sorella molto più piccola. Quando ho incontrato mio marito, la pensava come me. Spesso la sera, stanchi morti ci guardiamo in faccia e diciamo: è stata una giornataccia, figuriamoci se avessimo tre figli. Sarei stata una mamma rompiscatole. A volte, penso con ironia: e se mi fosse capitato un figlio antipatico?

PATRIZIA VELLETRI, 45 anni, avvocato: "Nella mia vita la professione correva sempre più veloce del desiderio di maternità. L'idea di diventare madre mi faceva paura. Per me è stata molto importante l'idea della deformazione fisica del corpo. E

il fatto di non aver trovato l'uomo giusto. Ora so che avrei dovuto mettere al mondo dei bambini pur continuando a lavorare. Ma sono a un punto di non ritorno. È difficile accettarlo".

PATRIZIA PIERONI, 44 anni, stilista: "Non mi ha mai interessato la maternità, ho una natura infantile che rifugge da questo genere di responsabilità. Preferisco continuare a sentirmi figlia più che madre. Non ho mai avuto voglia di crescere. Ho sempre pensato che la maternità ponesse troppe limitazioni, richiedesse sacrifici a cui non ero disposta. Ho sempre preferito viaggiare, disegnare, sentirmi libera. La mia è stata una scelta di vita e non di rimpianti".

tratto da L'Espresso

Sesso e moralità

lessico utile (glossario a p. 123)

molestia sessuale	donna / uomo - oggetto	peccato
molestatore	prostituta / prostituzione	tabù
violenza sessuale	marciapiede	sensi di colpa
corteggiamento	sfruttatore	educazione sessuale
stupro / stupratore	moralità	film / riviste pornografiche
violentare	pudore	uomo predatore
provocare / provocante	puritanesimo / puritano	proposta indecente
denunciare	maschilismo / maschilista	prendere la rivincita

1. Descrivete la prima foto in alto a sinistra e commentatela.

2. In quali ambienti è più frequente la molestia sessuale e perché? Quanto e come possono difendersi le sue vittime? Lo sono solo le donne? Parlatene.

3. Leggete il primo testo (*Molestie alla segretaria…*) e riassumetelo senza preoccuparvi di parole sconosciute. Come commentate questa storia?

4. Perché, secondo voi, moltissime donne non denunciano le violenze sessuali subite?

5. Quali pene si dovrebbero prevedere per gli stupratori? Cosa possono fare le donne per proteggersi da questi pericoli? Scambiatevi idee.

6. L'uomo ha di natura istinti violenti; il puritanesimo e la mentalità maschilista che spesso vengono coltivati dalla società, dalla famiglia, dalla scuola, dalla chiesa, fanno crescere o attenuare questi istinti, secondo voi? Cosa si dovrebbe cambiare? Scambiatevi idee.

7. Osservate la seconda foto e commentatela. Siete d'accordo con quelli che chiedono l'eliminazione della prostituzione, o questo potrebbe far aumentare gli incidenti di violenza sessuale? Cosa pensate di queste ragazze? In che condizioni vivono? Parlatene.

8. Leggete il secondo testo (*E tu lo compreresti un uomo - oggetto?*), riassumetelo in breve e commentatelo; non importa se avete parole sconosciute. Ci sono differenze tra donne e uomini - oggetto?

9. Cosa pensate di questa nuova moralità femminile? A vostro parere, si tratta di un'esagerazione o, semplicemente, di parità e rivincita? Quali potrebbero essere le possibili conseguenze?

10. Il sesso continua ad essere, forse più che mai, un elemento molto rilevante della nostra vita, forse troppo; da che cosa lo si capisce? È giusto, secondo voi, considerarlo tanto importante? Motivate le vostre risposte.

Sesso e moralità

Molestie alla segretaria. Se è per amore, si può

Archiviata la denuncia di una donna di 34 anni costretta a lasciare il lavoro

COMO - Ma quali "molestie sessuali". Proposte indecenti, spinte, battute volgari, baci, carezze ecc., non sono reato, ma normali manifestazioni del corteggiamento, se a farle è un uomo innamorato. Questa curiosa considerazione ha portato il giudice Vittorio Anghileri ad archiviare la denuncia di un'impiegata contro il proprio datore di lavoro.

I fatti risalgono a novembre scorso, con l'assunzione della donna, 34 anni, in una ditta metalmeccanica del Comasco. Lei, segretaria, è costretta a dividere l'ufficio con l'imprenditore. È l'inizio di un incubo che continua fino a maggio.

Le attenzioni del datore di lavoro sono ogni giorno più pressanti, fino a che la segretaria, esaurita psicologicamente, si mette in malattia per curarsi una sindrome depressiva dopo i fatti accaduti sul posto di lavoro.

Superando la vergogna, la donna si rivolge infine al sindacato dei metalmeccanici per chiedere consiglio. E decide di denunciare l'imprenditore per tentata violenza sessuale. Ma, in assenza di "testimonianze dirette" il giudice decide l'archiviazione. A convincerlo in questo senso è una registrazione, fatta dalla donna, in cui l'uomo si proclama profondamente

innamorato. "Una decisione incredibile, commenta Grazia Villa, avvocato della donna, che può diventare un pericoloso precedente in futuri casi di molestie sessuali. Al molestatore in pratica tutto verrebbe concesso purché si proclami innamorato. Insomma le donne non solo devono stare attente agli indumenti che indossano, ma anche ai sentimenti di chi tenta una violenza. E, intanto, provare una tentata violenza sessuale diventa praticamente impossibile".

adattato da la Repubblica

E tu lo compreresti un uomo-oggetto?

Nel supermarket del sesso molte donne si sono stufate di fare la merce sugli scaffali. Ora sono loro a voler fare la spesa. E il mercato si adegua. Ma qualcuna si chiede: è davvero una rivoluzione del costume sessuale? È forse una conquista del post-femminismo? O cos'altro? Abbiamo girato la domanda ad alcune donne famose.

DACIA MARAINI, scrittrice: «Sono contraria a ogni tipo di censura, ma questa omologazione di comportamenti ha il sapore di una vendetta. Insomma, non è certo un segno di libertà appropriarsi dei metodi predatori che per secoli i maschi hanno avuto verso il corpo della donna. Nella corsa a comprare il sesso, è come se le donne, a lungo represse, ora si stiano prendendo una rivincita. O quella che a loro sembra una rivincita. A me, invece, pare una sconfitta. Perché le donne non hanno mai diviso in maniera totale il sesso dal sentimento. Speriamo che non comincino ora».

ALESSIA MERZ, show-girl: «Ben venga l'uomo-oggetto. Anche se il corpo nudo di un uomo su un palcoscenico non mi eccita, né potrà mai essere sensuale come quello di una donna. Trovo pure giusto che ci siano uomini in vendita. Anzi, che siano sempre di più: anche le donne hanno diritto di scelta. Se una è bruttina, timida, oppure ha fantasie particolari, perché non può pagare e togliersi la curiosità? Se ci ho mai pensato? Per ora no, ma in futuro non si sa mai».

tratto da Panorama

Giochi e scommesse

lessico utile (glossario a p. 123)

scommettere / scommessa	lotteria	superstizioso
tentare la sorte	biglietto	miliardario
giocare al lotto	indovinare	premio
superenalotto	combinazione	il montepremi
totocalcio	probabilità	vincita
il gratta e vinci	giochi d'azzardo	fato / destino
schedina	casinò	polizza di assicurazione
ricevitoria	la roulette	la giocata
estrazione	puntare	la smorfia

1. Osservate le foto in alto e descrivetele.
2. Trovate consuete queste immagini? Ci sono somiglianze o differenze con la realtà del vostro Paese?
3. Per quali motivi la gente tenta la sorte? Voi lo fate e quando? Parlatene.
4. Che differenze ci sono tra giochi tipo lotto, totocalcio, lotterie ecc. e i giochi d'azzardo (carte, roulette, ecc.)?
5. Credete che ci sia qualcosa di immorale in (o forse dietro) tutti questi giochi? Motivate le vostre risposte. Quando può diventare pericoloso il gioco?

6. Leggete il primo testo della pagina seguente (*Domani è un altro sogno*) e riassumetelo in breve, senza preoccuparvi di parole sconosciute.
7. Siete d'accordo che si gioca perché non si è soddisfatti della propria condizione? Oltre al fatto che ogni tanto qualcuno diventa miliardario, chi altro guadagna da questi giochi?
8. Leggete il secondo testo (*La fortuna vien dai sogni*) e commentatelo. Nel vostro Paese ci sono simili superstizioni? Cosa ne pensate?
9. Se giocate, avete pensato a cosa fareste e come reagireste se vinceste una grossa somma?
10. Credete che il denaro porti la felicità? Parlatene.

Giochi e scommesse

DOMANI È UN ALTRO SOGNO

*L*a febbre del superenalotto offre una interessantissima finestra sul funzionamento della nostra mente. Uno dei massimi teorici della probabilità, nonché esperto di assicurazioni, De Finetti, era ben consapevole della seguente stretta connessione: moltissime persone comprano sia biglietti per le lotterie che polizze di assicurazione. Ci sembra normalissimo. Eppure questa coesistenza ha qualcosa di paradosso.

Il paradosso sta nel fatto che l'acquisto dei biglietti rivela un'evidente insoddisfazione per la propria condizione, per lo status quo, mentre l'acquisto della polizza rivela, altrettanto chiaramente, una valutazione fortemente positiva di questo stesso status quo, che non si vuole rischiare di perdere. La spiegazione viene dalla psicologia. La vincita di una certa somma ci farebbe felici, ma la perdita di quella stessa identica somma ci farebbe assai più infelici.

Da molto tempo gli Stati sfruttano queste nostre propensioni per finanziarsi con le lotterie. Il primato storico mondiale va alla nostra penisola, in particolare a Firenze, dove nel 1530 si indisse la prima lotteria pubblica. Caterina dei Medici portò l'idea delle grandi lotterie in Francia, mentre Napoleone le usò per finanziare le sue guerre.

È curioso che conoscere in carne ed ossa un vincitore ci inviti a tentare la sorte. Curioso, perché dovremmo sapere, all'incirca, quanto probabile era quella vincita. E dovremmo anche ben sapere che la vincita di un amico, un lontano parente, un vicino di casa, un tizio intervistato in televisione, non rende certo più probabile la nostra. Eppure la testimonianza dal vivo ci colpisce e ci incita. Proprio come quando rallentiamo e diventiamo più prudenti, subito dopo aver visto un incidente stradale. Questo processo mentale è assai poco razionale ma molto potente.

L'altro dato psicologico massiccio, che riguarda le lotterie, è la cosiddetta sovrastima delle basse probabilità. Si è letto, per il Superenalotto, di probabilità di uno su 600 milioni. Ebbene, nessuno di noi arriva veramente a pensare quanto piccola è una tale probabilità.

Quello che si compra alla ricevitoria è un sogno. E questo sogno vale il prezzo della giocata. Poco ci importa che, la vincita, se davvero fosse equa, dovrebbe essere di centinaia, non decine, di miliardi. Ci hanno detto che andranno ai beni culturali. Molto meglio che alle guerre di Napoleone.

adattato dal *Corriere della Sera*

LA FORTUNA VIEN DAI SOGNI

Secondo una tradizione ormai vecchia di secoli, per trovare la combinazione di numeri vincente bisogna affidarsi ai sogni. «Per tradurre un sogno in cifre è necessario "smorfiarlo", cioè suddividerlo in tante singole immagini e consultare gli appositi manuali che indicano a quali numeri ognuna di esse va abbinata» spiega Luigi Ciampinelli, autore di *La vera Smorfia napoletana*. Se, per esempio, nel sogno stavate baciando qualcuno, dovete puntare sul 75; se facevate una passeggiata a cavallo scegliete 80; se volavate 36; se correvate 20. Attenzione, però, bisogna essere molto precisi nel ricordare i fatti: se, per esempio, sognate una casa, dovete sapere se era nuova (66), vecchia (64) o in costruzione (45). In ogni ricevitoria trovate i libri con le corrispondenze tra sogni e numeri. Per avere davvero fortuna, non bisogna lasciare nulla al caso.

tratto da *Donna moderna*

Vita stressante

lessico utile (glossario a p. 123)

stressato / stressante	attacco di ansia / di panico	psicologo / psicoterapeuta
frustrazione / delusione	senso di inferiorità	psicoterapia / psicoanalisi
ritmi frenetici	inadeguato / inadeguatezza	rilassarsi
essere sotto pressione / stress	disturbi psicosomatici	sfogarsi
prestazione	nervosismo / aggressività	depressione / depresso
competitività	insonnia / sonniferi	solitudine
superare una prova / sfida	tranquillanti	esaurimento nervoso
aspettative	ansiolitici	"staccare la spina"

1. Descrivete la foto a destra e commentatela.
2. Bene o male, immagini come questa sono molto consuete oggi. Perché nella vita moderna si ha sempre più fretta e sempre meno tempo? Motivate le vostre risposte.

3. Leggete il primo testo (*Gli esami non finiscono mai*) e riassumetelo in breve, senza preoccuparvi di parole sconosciute.
4. Vi capita spesso di sentirvi "sotto esame", di dover superare qualche tipo di prova o che gli altri aspettano troppo da voi? In quali occasioni? Scambiatevi idee.
5. Il fatto che la nostra vita sia piena di "esami" e sfide di ogni tipo è qualcosa di faticoso o può essere anche interessante? Preferireste vivere in una società meno competitiva ed esigente? Motivate le vostre risposte.

6. Leggete il secondo testo (*Il vero segreto antiansia?*) e riassumetelo in breve; non importa se avete parole sconosciute. Voi per quali motivi e in quali situazioni vi sentite stressati?
7. Vi capita mai di sentirvi inadeguati in certe situazioni o inferiori agli altri? Parlatene. Questo per voi sarebbe motivo di frustrazione o uno stimolo a migliorarvi? Scambiatevi idee.

8. Secondo le statistiche nel mondo oggi ci sono più di 330 milioni di persone depresse, mentre nel 2020 la depressione sarà la malattia più diffusa dopo i disturbi di cuore. Quali sono, secondo voi, i motivi di questo fenomeno dilagante? Avete mai avuto problemi del genere? Parlatene.

9. Per guarire dallo stress e dalla depressione ci sono tantissime medicine moderne, mentre si può sempre ricorrere alla psicoterapia. Cosa pensate di queste cure? Quale credete sia il modo migliore per rilassarsi e ritrovare un equilibrio interiore? Scambiatevi idee.

10. Quali credete siano le conseguenze, anche a lungo termine, di questo stile di vita veloce? È possibile essere felici vivendo con questi ritmi, secondo voi? Si può tornare a vivere in modo più tranquillo e sereno o è ormai tardi? Scambiatevi idee.

CON I TEMPI CHE CORRONO, CHI PUÒ STARE TRANQUILLO?

CHI NON CORRE CON LORO.

Pat

Vita stressante

Gli esami non finiscono mai

C'è quello classico, a scuola (maturità o appello universitario che sia). Quello che ci fa il vigile, quando per strada ci guarda guidare, per vedere se commettiamo infrazioni. Quello del maestro di sci o di tennis, quando cerchiamo di imparare questi sport. E poi ci sono gli esami cui ci sottopongono altre persone "in divisa" come i medici (controlli della salute), poliziotti, doganieri, bigliettai (controllo documenti), giudici...

Non si può star tranquilli nemmeno in famiglia: la mamma che osserva il figlio quando felice rientra dopo una partita a pallone, in cerca di macchie di fango sui vestiti, che fa? Gli fa un esame. E lo sguardo di quella ragazza così carina, che sembra passare in rassegna tutti i dettagli dell'abbigliamento di un possibile corteggiatore, non lo sta forse sottoponendo a un esame? Si potrebbe continuare all'infinito.

Aveva ragione Eduardo De Filippo, il celebre commediografo e attore napoletano: gli esami - intesi come momenti in cui ciascuno di noi viene, o semplicemente si sente, messo alla prova - non finiscono mai. Il verbo esaminare, oltretutto, non significa soltanto dare voti ma soprattutto controllare l'esaminato. Situazioni frequentissime nella vita, tanto che stanno alla base dei rapporti interpersonali.

adattato da Focus

Il vero segreto antiansia? Darsi tempo

Ansia da promozione, stress da prestazione. I casi di chi "non ce la fa" sono all'ordine del giorno. Così come aumentano le persone che assumono pastiglie per avere la marcia in più.

«È gente normale, non solo manager» dice la psicoterapeuta Gianna Schelotto, che in *Nostra ansia quotidiana* (Mondadori) ha raccolto le ansie in ordine alfabetico. «Sono le situazioni a essere più pressanti, la competitività a essere aumentata; le aspettative della società sono più forti. Tanto è vero che di una persona si dice che "non funziona": come per le auto».

Il senso di inadeguatezza è il filo rosso di queste storie. Come quella di Michela, 36 anni, impiegata genovese in una multinazionale. Una promozione inaspettata l'ha gettata in un vortice d'ansia: panico, insonnia. Un tunnel di ansiolitici da cui Michela è uscita unendo ai farmaci la psicoterapia.

L'ansia da promozione è solo una delle tante facce della paura di non farcela. È da manuale il caso di Stefania, 32 anni, di Carrara. Laureata, iscritta alla scuola di giornalismo, le capita l'occasione decisiva: una sostituzione in un periodico. «Avevo solo tre mesi per dimostrare che valevo» dice a *Panorama*. «Mi ha preso la frenesia: iperattiva, non respiravo bene. Prendevo ansiolitici. Poi un omeopata mi ha prescritto una cura: sono arrivata a 500 gocce al giorno. Ma a poco a poco ho smesso perché tutti quei farmaci mi allontanavano dagli altri».

Una cosa è certa: la forza bisogna trovarla in se stessi. Anche quando sembra di dover guarire "per gli altri". Come è successo a Paola, 44 anni, cagliaritana, uscita dal giro degli ansiolitici che prendeva dopo esser rimasta senza lavoro e senza marito, solo perché ha visto l'occhio preoccupato del figlio. Che esigeva cure, affetto e attenzione.

Infine, un consiglio: usare l'ansia in positivo, come una lente d'ingrandimento che segnala che qualcosa non va. Oppure staccare la spina, darsi tempo.

tratto da Panorama

Terzo mondo

lessico utile (glossario a p. 123)

scheletrico
vaccinazione
disparità economica
epidemia
tasso di natalità / di mortalità
Paesi in via di sviluppo
sottosviluppo / arretratezza
risorse naturali

schiavitù
sfruttamento
siccità / aridità
incremento / boom demografico
sovrappopolazione
controllo delle nascite
contraccezione
alimenti

disidratazione
carenza / carestia
solidarietà / volontariato
azione umanitaria
carità
emigrazione
espedienti
attenuare

1. Descrivete le due foto.
2. Che effetto vi fanno queste immagini? Vi colpiscono o vi ci siete ormai abituati?
3. Leggete il primo testo (*Quest'Africa che io amo*) e riassumetelo in breve; non importa se avete parole sconosciute. Credete che sia vano ogni tentativo di aiutare questa gente?
4. Il Terzo Mondo ha sempre avuto problemi gravi da affrontare; quali? Finora i Paesi sviluppati hanno contribuito di più alla risoluzione o all'aggravamento di questi problemi? Motivate le vostre risposte.
5. Ricordate il concerto "Live Aid" e la canzone "We are the world" degli anni '80? Oggi alla televisione e sui giornali non si parla quasi mai del Terzo Mondo; come si spiega questa indifferenza da parte dei mass media e dell'opinione pubblica mondiale? Siete a conoscenza di importanti iniziative di solidarietà? Parlatene.
6. Leggete il secondo testo (*Chi sono i bambini di strada*) e riassumetelo in breve, senza preoccuparvi di parole sconosciute.
7. Quali credete siano le cause di questo fenomeno? Ci può essere speranza per questi bambini? Come immaginate il loro futuro? Scambiatevi idee.
8. Leggete l'annuncio (*Adotta un bambino a distanza*) e riassumetelo. Cosa pensate di questa iniziativa?
9. Voi "adottereste" un bambino a distanza o credete che l'elemosina ai ragazzi dei semafori basti per mandare via gli eventuali sensi di colpa? Motivate le vostre risposte.
10. Povertà estrema, epidemie, sovrappopolazione, scarsità di acqua, ma anche guerre continue e armi nucleari: come può influenzare il resto del pianeta questa situazione? Quale credete sarà il futuro del Terzo Mondo e che soluzioni potrebbero esserci? Scambiatevi idee.

Quest'Africa che tanto amo

Elisabetta Marastoni racconta la sua esperienza come pediatra in un ospedale della Tanzania.

"...L'Africa, quest'Africa che tanto amo, mi ha creato all'inizio uno sconvolgimento profondo, un'inquietudine interiore che forse non ero preparata ad affrontare: lo scontro con la povertà, con l'assoluta mancanza di mezzi, e soprattutto lo scontro quotidiano con la morte hanno sollevato dentro di me tanti interrogativi. Non so, forse si parte animati da tante intenzioni, e soprattutto dal proposito di andare, di fare, di salvare vite umane... siamo medici, in fondo, ci sentiamo prima di tutto chiamati a questo. Eppure, può sembrare strano, ma mai come in queste settimane ho sentito in fondo al cuore che questa non è la cosa più importante. Se lo fosse, non avrebbe senso restare qui, perché nonostante tutti i tuoi sforzi e la tua dedizione al lavoro, la gente continua a morire, come moriva tanti anni fa.

Povertà e fame, in queste due parole sono concentrati tutti i problemi dell'Africa, dell'Africa che sta male, dell'Africa che fatica a sopravvivere: è da lì che nasce lo scandalo della morte di queste persone, di questi bambini, quella morte che a volte tu non puoi fare altro che accompagnare. Finché non si sono chiusi gli occhi vuoti e spenti di un bimbo morto di disidratazione, finché non si è assistito impotenti all'agonia di un piccolino gravemente malnutrito, non si può capire a fondo il significato di tutto questo. Io me lo sono domandato, mi sono interrogata tanto, e ho interrogato anche Lui perché mi aiutasse a capire, a trovare la risposta a tanta sofferenza..."

Chi sono i bambini di strada ("street children")

Come fenomeno globale rappresentano il segno di un mondo impazzito. Si calcola che oggi nel mondo ci siano almeno 30 milioni di street children, costretti a sopravvivere di espedienti nei vicoli più nascosti di città senza cuore. A San Paolo, in Brasile, ce ne sono almeno mezzo milione, e quattro quinti della popolazione carceraria di San Paolo sono ex "meninos de rua". A Calcutta, in India, sono 300.000. In Africa, dove almeno il 70% della popolazione vive al di sotto del livello di povertà, il numero degli street children è in crescita esponenziale. Questo numero crescente di bambini non ha altra scelta che sopravvivere quotidianamente di espedienti, il che li porta spesso a diventare mendicanti cronici, a specializzarsi in piccoli furti, alla prostituzione per ricchi turisti del nord in cerca di emozioni forti, all'uso di droghe economiche quanto dannose per attenuare i sintomi della fame - in Kenya è molto diffuso l'annusare la colla da falegname, che a lungo termine provoca danni permanenti al sistema respiratorio e al cervello.

Genitori a tutti i costi

lessico utile (glossario a p. 124)

fecondazione assistita   donatore di seme   discriminazioni
inseminazione artificiale   coppia di fatto   concepire / farsi ingravidare
in vitro / in provetta   banca del seme   adottare / adozione
sterile / sterilità   biotecnologia   figlio adottivo
seme congelato   problemi etici e morali   affidare
ovulo   bioetica   idoneo / idoneità
embrione   moralità   requisiti

FINALMENTE

Madre con il seme del marito morto

Le hanno ucciso il marito in un delitto di mafia nel luglio scorso, ma, forse, in ottobre diventerà madre con una inseminazione artificiale, utilizzando tre embrioni fecondati con il seme del marito che erano stati congelati. Sarebbe il primo caso in Italia.

adattato dal *Corriere della sera*

1. Descrivete la foto e commentatela.
2. Che alternative ha una coppia se non può avere bambini? Parlatene.
3. Leggete la notizia di sopra (*Madre con il seme del marito morto*) e commentatela; cosa ne pensate?
4. Cosa sapete della fecondazione assistita? Scambiatevi informazioni. In quale caso sareste contrari? Parlatene.
5. Leggete il secondo brano (*Fecondazione senza discriminazione*) e riassumetelo in breve; non preoccupatevi di parole sconosciute.
6. C'è chi, come la Chiesa, sostiene che permettendo la fecondazione assistita anche alle coppie di fatto (cioè non sposate) si dà l'ennesimo colpo alla famiglia. Cosa ne pensate?
7. È possibile che il diritto alla fecondazione artificiale farà aumentare il già crescente numero di donne che scelgono di diventare madri, pur restando single? È preoccupante questa tendenza, secondo voi?
8. Leggete il terzo brano (*No alla provetta, confronto con l'Europa*) e riassumetelo brevemente; non importa se avete parole sconosciute. Condividete le preoccupazioni espresse? Scambiatevi idee e motivatele.
9. Un'altra possibilità che ormai ci dà la scienza è di poter decidere il sesso del bambino, le sue caratteristiche, la sua intelligenza, ecc.. Voi lo fareste o no e perché?
10. Un caso simile alla fecondazione assistita, e alternativa per le coppie che non possono fare figli, è l'adozione. Cosa ne pensate? A vostro parere, può presentare dei problemi?
11. Credete che anche le coppie non sposate o i single dovrebbero aver il diritto di adottare un bambino? Motivate le vostre risposte. Con quali criteri si dovrebbero selezionare i genitori adottivi?
12. A vostro avviso, ad un bambino adottato si dovrebbe prima o poi rivelare la verità o no?

Fecondazione senza discriminazione

L'Italia resta un Paese tradizionalista, dove le coppie di fatto sono ancora un'esigua minoranza e i divorzi relativamente pochi. Non se ne conosce il numero esatto, c'è chi dice 300 mila e chi oltre un milione, poca cosa comunque rispetto ai 14 milioni di coppie coniugate. La loro esclusione dalla fecondazione assistita sarebbe stata una discriminazione inaccettabile. Se due persone di sesso diverso che vivono da anni sotto lo stesso tetto hanno un progetto d'amore e di vita che incontra degli ostacoli naturali, per quale motivo si dovrebbe negare loro l'assistenza? Sarebbe come vietare il by-pass a un malato di cuore che non risponda a certi requisiti di moralità. E, poi, non si capisce perché l'idoneità a essere genitori debba valere solo per chi ricorre a tecniche artificiali. Una ragazza minorenne può diventare madre e ha diritto a riconoscere il suo bambino anche se il padre lo rifiuta (con la benedizione della Chiesa che condanna l'aborto). Perché lo Stato dovrebbe mostrarsi più severo nei confronti di cittadini onesti, colpevoli soltanto di voler concepire un figlio in provetta?

tratto da *la Repubblica*

No alla provetta / Confronto con l'Europa

Dopo il voto alla Camera contro l'inseminazione eterologa (n.d.r.: quella cioè che si fa utilizzando il seme di un donatore e non del marito), Stefania Prestigiacomo dichiara: "Non ricorrerei mai al seme di un donatore o all'ovulo di una donatrice. Ma questa tecnica è presente in molti Paesi d'Europa. Vietarla in Italia non farebbe che favorire il mercato clandestino e i viaggi della speranza". Ha ragione: a cosa serve vietare una cosa che si può ottenere oltre confine nell'Europa comunitaria? "Serve solo a discriminare, come al solito, fra ricchi e poveri", spiega il bioetico Maurizio Mori: "Perché chi ha i mezzi si rivolgerà al privato clandestino o andrà all'estero; gli altri rinunceranno al figlio".

In un altro punto il caso italiano sembra differenziarsi da quanto accade in Europa: chi ha diritto a fruire di queste tecniche. Secondo i cattolici italiani la fecondazione omologa (n.d.r.: con il seme del marito) può essere proposta solo alle coppie sposate. Gli altri Paesi estendono invece il diritto alle coppie eterosessuali stabili, quelle che hanno convissuto per almeno due anni. "Come dargli torto?", dice uno dei pionieri della fecondazione assistita, Carlo Flamigni: "La legge regola le nuove tecniche di fecondazione sulla falsariga di ciò che avviene in natura, dove appunto i bambini per nascere non aspettano di vedere il certificato di matrimonio. Vogliamo penalizzare una coppia non sposata solo perché è sterile?".

Alcuni Paesi come la Spagna e la Gran Bretagna si spingono oltre, consentendo anche alle donne sin-

gle di accedere alle tecniche di fecondazione assistita. "Nessun tribunale può vietare a una donna di farsi ingravidare se non vive con un uomo" prosegue Flamigni. Fare un figlio da soli può essere anche considerato da alcuni un comportamento poco responsabile, ma da qui a vietarlo per legge ce ne corre.

tratto da *L'Espresso*

Piccoli delinquenti

lessico utile (glossario a p. 124)

criminalità minorile	abuso sessuale	terrorizzare
prepotenza / bullismo	agio / disagio	carcere giovanile
prepotente / bullo	banda / gang	fumetti
aggressività / aggressivo	minore	cartoni animati
violenza fisica / verbale	adolescente / adulto	videogiochi
vandalismo	taglieggiare	fucile
assalto	insultare	strage
picchiare	minacciare	sparare / aprire il fuoco

1. Descrivete questa foto. Come mai la polizia controlla ragazzi di questa età?

2. Siete a conoscenza di episodi di delinquenza o atti di violenza giovanile nel vostro Paese? Che tipo di ragazzi ne sono protagonisti e perché credete si comportino così? Scambiatevi idee.

3. Leggete il primo testo (*Piccoli delinquenti di ottima famiglia*) e riassumetelo in breve; non importa se avete parole sconosciute. Secondo voi, che futuro possono avere ragazzi che da adolescenti assumono comportamenti così estremi?

4. Molti di questi ragazzi finiscono in carceri giovanili; secondo voi, è questa la soluzione migliore? Motivate le vostre risposte. Avreste qualche alternativa da proporre?

5. Cosa potrebbero fare i genitori per prevenire situazioni del genere? Credete che loro stessi dovrebbero essere istruiti in qualche modo? Parlatene.

6. Osservate il fumetto in alto a destra, descrivetelo e commentatelo. Quali sono gli eroi dei ragazzi di oggi? Quanto diversi rispetto al passato sono i fumetti e i cartoni animati moderni e come possono influenzare i giovani? Scambiatevi idee.

7. Credete che tutti i programmi televisivi che guardano i bambini e gli adolescenti, i videogiochi e le riviste che comprano dovrebbero essere sotto severo controllo, o questo potrebbe avere risultati opposti? Motivate le vostre risposte.

8. Leggete il secondo testo (*Strage a scuola*) e riassumetelo in breve, senza preoccuparvi di parole sconosciute.

9. Come si possono spiegare tanta rabbia e odio? Da che cosa nasce questa concorrenza e rivalità tra i giovani, in cosa consiste e come si potrebbe combattere?

10. Perché, secondo voi, tantissimi bambini sono fin da piccoli affascinati dalle armi e dalla guerra? Si dovrebbe forse vietare la vendita di giocatoli del genere? Com'è possibile coltivare nei minori valori più nobili? Scambiatevi idee.

Piccoli delinquenti

Piccoli delinquenti di ottima famiglia

*Lo chiamano "il disagio dell'agio". Ovvero, figli (e figlie) di coppie benestanti che distruggono
scuole, taglieggiano coetanei, rubano auto, rapinano banche … Non per bisogno. Per noia.*

Francavilla Fontana, provincia di Brindisi. Una quindicenne viene invitata in un bar da un gruppo di coetanei. La fanno bere, la sequestrano, la portano in un casolare di campagna dove da giorni hanno trasportato un materasso, la violentano. Ai carabinieri bastano ventiquattr'ore per arrestarli: sono in otto, dai 14 ai 17 anni, figli di commercianti, di professionisti.

Milano. Vengono scoperti i capi di una banda che da mesi terrorizza gli studenti di uno dei più prestigiosi licei della città: taglieggiando, minacciando, facendosi consegnare soldi, motorini, capi d'abbigliamento. I capibanda sono due diciassettenni. Uno è figlio di un avvocato e di una docente universitaria.

Che sta succedendo ai ragazzi italiani? A Roma il ministero dell'Interno fornisce cifre preoccupanti: gli arresti di minorenni sono in crescita e per crimini sempre più gravi. Nelle periferie degradate delle grandi città emerge un esercito di delinquenti sempre più piccoli, sempre più cattivi.

«Molti danno la colpa di questi episodi proprio ai genitori, alla loro non capacità di educare» commenta Livia Pomodoro, presidente del Tribunale per i minori di Milano. «Io parlerei invece di una crescente difficoltà di tutti, anche degli insegnanti, ad accompagnare gli adolescenti nel viaggio dall'infanzia all'età adulta. I ragazzi di oggi si considerano adulti già a 11 o 12 anni, ma non è così: dobbiamo spiegarlo ai nostri figli e ricordarlo a noi stessi».

Gli errori di padri e madri

Un'altra psicologa, Giovanna Montinari, commenta: «C'è un grosso equivoco che significa "aver cura di qualcuno": padri e madri credono che questo consista nel fornire ai loro figli degli oggetti, magari lavorano pure di più per riuscire a dare loro il massimo; ma i ragazzi li accusano di voler sostituire con quegli oggetti il rapporto, dunque li fanno a pezzi, se li fanno rubare».

tratto da Panorama

Strage a scuola

WASHINGTON - In una scuola di Denver l'incubo di un western che esce dallo schermo e distrugge la vita di innocenti: una gang di studenti danno l'assalto a una scuola, la loro scuola, forse per vendicarsi dei compagni che li disprezzano, forse per fare una "pulizia etnica" di neri, forse per pura, incontrollabile rabbia.

È un'operazione paramilitare perfetta, folle e suicida contro studenti indifesi che dopo sei ore di atrocità lascia sul campo di battaglia 16 morti e 20 feriti.

Da mesi minacciavano di vendicarsi, di "far vedere a tutti chi erano". Preparavano in segreto l'assalto studiando vecchi manuali di tattica militare, come confermano piani, bombe, armi ed esplosivi trovati nella casa di uno di loro. E ieri lo hanno fatto. Sono entrati a mezzogiorno, l'ora dell'intervallo per la colazione, aprendo a calci la porta della caffetteria, come avevano visto fare nei film, e hanno cominciato a sparare.

Avevano la stessa faccia vuota, normale, banale della follia umana. Era la faccia del ginnasiale di 15 anni che circa un anno fa uccise due compagni di scuola e poi tornò a casa, per ammazzare il padre e la madre. Gli occhi lontani del diciassettenne che uccise il compagno più bello che gli aveva portato via la ragazza. Le figurine malinconiche dei due bambini, uno di 11 e l'altro di 13 anni, che aprirono il fuoco sopra la loro Media nell'Arkansas, ammazzando quattro compagni e un'insegnante.

Sono i volti di coloro che potrebbero essere i nostri figli e, soltanto per il mistero della provvidenza, non lo sono.

adattato da la Repubblica

In guerra con la natura

lessico utile (glossario a p. 124)

calamità naturale
frana
catastrofe
stato di emergenza
alluvione / piena
diluvio
suolo / terreno
assorbire / assorbimento
disboscamento
abuso edilizio

speculazione edilizia
cemento / cementificazione
terremoto / scossa sismica
epicentro
crollo
vittime / i senza tetto
edifici antisismici
soccorso
eruzione di un vulcano
lava / cenere

evacuare / evacuazione
incendio doloso
mettere / appiccare il fuoco
ettari di bosco bruciati
piromane
vigili del fuoco
ciclone / uragano
valanga di fango / di neve
fenomeno El Niño
misure / provvedimenti

1. Descrivete le foto di sopra e commentatele.
2. Quale di queste calamità temete di più e perché?
3. Quali sono, secondo voi, le cause della frana della foto in alto a sinistra? Parlatene.

4. Leggete il testo (*Non è solo colpa dell'acqua*) e riassumetelo in breve; non è necessario capire ogni singola parola.
5. Com'è possibile, secondo voi, prevenire simili catastrofi in futuro? Scambiatevi idee.
6. Nella foto in alto (in mezzo) si vede il crollo della cupola della Basilica di San Francesco d'Assisi, durante un terremoto; nel vostro Paese sono avvenuti disastri del genere e con quali risultati?
7. In caso di terremoto o di altra calamità naturale la gente è sufficientemente preparata e informata? Se no, cosa si dovrebbe fare? Secondo voi, esistono i presupposti per affrontare con efficienza la situazione (soccorsi, piano di evacuazione ecc.)?
8. Quali sono, a vostro avviso, le cause di tanti incendi? Parlatene.
9. Potete pensare a eventuali misure per far fronte a questo problema? Quanto è efficiente l'intervento dello Stato?
10. Negli ultimi anni il progresso della tecnologia è veramente straordinario, quasi spaventoso, al punto di far sentire l'uomo capace di tutto, un piccolo dio, si direbbe. Ma siamo veramente così potenti di fronte alla natura? Motivate le vostre risposte.

Non è solo colpa dell'acqua
ALLUVIONI

A favorire le inondazioni è anche l'uomo.
Che ha impoverito boschi e campagne e ricoperto di cemento terreno e fiumi

Fiumi in piena, case e ponti distrutti, collegamenti stradali interrotti, tante vittime, migliaia di senza tetto. Cambia l'epicentro ma lo scenario è sempre lo stesso. Quest'anno il maltempo ha colpito all'improvviso il Piemonte, la Liguria e la Lombardia. Ma il problema delle alluvioni riguarda l'intero Paese. Fatalità? Calamità naturali imprevedibili? Certamente la pioggia caduta ininterrottamente per più giorni ha avuto la sua parte di responsabilità. Ma l'eccezionalità del maltempo non è sufficiente a spiegare perché nell'arco di poche ore intere città e paesi si siano trasformati in lagune fangose. Le cause del disastro, in realtà, sono più complesse. E ancora una volta legate all'opera dell'uomo e alla mancanza di rispetto per l'ambiente.

Il suolo non assorbe più. "In buone condizioni idrogeologiche del terreno, soltanto quattro millimetri di pioggia su dieci arrivano ai corsi d'acqua: il resto si infiltra nel sottosuolo, bagna il terreno, le foglie e i tronchi degli alberi, diventa vapore, riempie i pozzi e le piccole fosse del terreno" spiega

Giuliano Cannata, ingegnere. "Nel nostro Paese, invece, quando piove molto sono almeno nove i millimetri di pioggia che arrivano direttamente ai corsi d'acqua. In pratica, il problema è che la capacità di assorbimento da parte del terreno è diminuita di circa il 30 per cento in pochi decenni". Per vari motivi. Innanzitutto il degrado dei boschi. "Oltre a essere pochi sono anche di bassa qualità" avverte Andrea Poggio, presidente di Legambiente Lombardia. "La legislazione italiana, infatti, permette di tagliare un bosco a 18 anni di età: troppo presto perché gli alberi siano sufficientemente grandi e il sottobosco ben sviluppato da opporre una adeguata resistenza idreologica". "E poi c'è la cementificazione del suolo che lo rende im-

permeabile" prosegue Giuliano Cannata. "Basti pensare che ogni italiano consuma all'anno 804 chili di cemento: una media doppia rispetto a quella degli altri Paesi europei. Fabbriche, enormi piazzali, tutti costruiti senza garantire adeguati spazi di terreno vergine. Senza contare che il cemento è stato ampiamente usato anche per coprire le rive dei corsi d'acqua, piccoli e grandi, con lo scopo di proteggere campi e abitazioni che si trovano proprio accanto ai fiumi (quella parte di terreno che dovrebbe essere lasciata libera perché può diventare sede naturale di acqua in caso di piena). Insomma si è creato un sistema per cui, in caso di forti precipitazioni, questi contenitori artificiali si riempiono in poche ore e inevitabilmente dilagano travolgendo tutto quanto incontrano sul loro cammino".

*tratto da **Donna moderna***

Economia e denaro

lessico utile (glossario a p. 124)

investire / investitore
investimento ad alto rendimento
risparmiare / risparmiatore
guadagno
conto corrente
tasso di interesse
prestito
Borsa Valori / Piazza Affari

azioni / azionista
fondo
capitale
privatizzazione
globalizzazione
fusione di imprese
inflazione
crisi / ripresa economica

moneta unica / euro
tasse / fisco
evasione fiscale
ditta multinazionale
competizione / competitività
concorrenza
vantarsi
trovarsi nella bufera

1. Leggete il primo testo (*Denaro*) e riassumetelo in breve, senza preoccuparvi di parole sconosciute. Credete che sia importante saper "trattare" il denaro?

2. Quanto è importante per voi il denaro? Cosa fareste per averlo e cosa fareste se ne aveste tanto?

3. Descrivete le foto in alto e commentatele.

4. Che cosa sapete della Borsa? Perché, secondo voi, sempre più persone scelgono investimenti un po' rischiosi, rinunciando a quelli "tradizionali", sicuri? Scambiatevi idee.

5. Voi fareste un investimento di questo tipo o no e perché? In genere, preferireste risparmiare, investire o spendere tutto vivendo l'oggi?

6. Perché, secondo voi, l'economia assume sempre più importanza nella vita quotidiana? Interessa veramente alla gente comune? Motivate le vostre risposte.

7. Leggete il secondo brano (*Globalizzazione*) e riassumetelo in breve; non importa se avete parole sconosciute.

8. L'economia mondiale sta cambiando: privatizzazioni, fusioni e compravendite di imprese, commercio elettronico, mercati liberi: a quale scopo succedono tutte queste cose? Secondo voi, chi ci guadagna e chi ci perde? Scambiatevi idee.

9. Da quello che sapete, quali sono i punti forti e deboli dell'economia del vostro Paese? Quali difficoltà deve affrontare il cittadino medio? Sono molte le persone veramente povere?

10. Euro, ovvero moneta unica europea: cosa ne sapete? Cosa credete cambierà o è già cambiato (in meglio o in peggio) per i cittadini dell'Unione Europea?

Economia e denaro

DENARO. COME FAR FINTA DI AVERNE DA MOLTO TEMPO

Non è vero che il denaro compra tutto. Non è mai riuscito, per esempio, a far tacere le chiacchiere malevole che seguono chi non lo sa "trattare". Infatti al ricco cafone non si perdona nemmeno la generosità. Il denaro è come lo smoking, va portato con la camicia giusta.

Chi lo ha da generazioni, anche se è accompagnato da un nome famoso, si comporta pubblicamente con il denaro come ci si comporta con le amanti: lo tiene caro ma non lo mostra. Chi lo ha da poco tempo agisce esattamente nel modo contrario, scambiando la moneta per uno sponsor sociale. L'unica cosa che può consolare il nuovo ricco è che il morbo da denaro "fresco" è uguale in tutto il mondo.

Cose da sapere

- Il portafoglio è cosa segreta come il conto in banca, mai tirarlo fuori esibendone il contenuto. Maneggiarlo velocemente e con discrezione.
- Sempre dell'odiato-amato denaro bisogna parlare con moderazione. Una serata da protagonista gli sarà concessa solo se è un tête-à-tête fra il Governatore della Banca d'Italia e il Ministro delle Finanze.
- Non vantatevi di quanto avete pagato barche e mutande, anche se care possono essere bruttissime.
- Non si parla del denaro che si ha, ma tantomeno di quello che non si ha. Le altrui miserabilità, notoriamente, non interessano nessuno.
- Si dice che il denaro non dà felicità. Lo pensano solo i ricchi.

adattato da Cose da sapere, di Lina Sotis, Oscar Mondadori ed.

GLOBALIZZAZIONE

Sveglia, italiani. La globalizzazione ha smesso di essere solo una bella parola da usare nei convegni: è un fenomeno concreto e di una forza straordinaria. La creazione di un unico mercato planetario dove si confrontano lavoratori, merci, servizi, azioni è diventata il nuovo motore del mondo, creando opportunità inaspettate e scombinando vecchi equilibri. Bill Gates, padrone della Microsoft, in pochi anni ha imposto dal nulla i suoi software al 70% dei produttori e dei consumatori sparsi nei vari continenti. Aziende che si consideravano colossi hanno invece scoperto di essere fragili e di poter resistere solo grazie a compagni di strada più forti: come la casa automobilistica americana Chrysler, entrata nell'orbita del gruppo tedesco Daimler Benz o il "gigante" Telecom Italia, comprato dalla "piccola" Olivetti.

E allora? Per cogliere le opportunità bisogna muoversi, e anche rischiare. Oggi i risparmiatori possono investire ovunque, con guadagni da capogiro. Però in un batter d'occhio possono trovarsi nella bufera: grazie al tasto di un computer e con 30 mila miliardi di dollari - una cifra ormai pari alla ricchezza prodotta da tutti i paesi del mondo - che passano per le mani dei gestori dei fondi internazionali, il volo di una farfalla alla borsa di Hong Kong può trasformarsi in un uragano per l'Europa. Lo stesso vale per i lavoratori. Negli Usa, alla General Motors protestano per non far spostare le fabbriche in Messico, dove la manodopera costa assai meno. Ma i paesi poveri del Nord Africa e dell'Asia esultano perché arrivano gli impianti delle aziende straniere. Comprese quelle italiane, che hanno spostato all'estero oltre 600 mila posti di lavoro.

Nel gioco del dare e dell'avere, in teoria dovrebbe esserci un solo vincitore sicuro: il consumatore. La concorrenza tende a far crollare i prezzi e a offrire un ventaglio sempre più ampio di scelte. In teoria, appunto. Perché la realtà è più complicata. E, guarda caso, le eccezioni ancora una volta colpiscono gli italiani.

tratto da Panorama

Criminalità e violenza

lessico utile (glossario a p. 125)

delinquenza / delinquente
arrestare / arresto
microcriminalità
crimine / delitto
commettere un reato
furto / rapina
ladro / rapinatore
immigrato clandestino

rapina a mano armata
rapimento / sequestro di persona
sistemi antifurto / allarme
omicidio / assassinio
malavita / malvivente
criminalità organizzata
boss mafiosi
omertà

pentiti
sparatoria
cadavere
poliziotto in divisa / in borghese
serial killer / assassino
terrorista
attentato terroristico
esplosione

1. Descrivete la foto in alto a sinistra e commentatela.

2. È grande il problema della criminalità nel vostro Paese? Vi sentite sicuri? Che misure prendete per difendervi? Parlatene.

3. Negli ultimi anni in Italia la criminalità è in crescita; succede lo stesso anche da voi? Se sì, quali credete siano i motivi? Scambiatevi idee. Provate a fare l'identikit del criminale tipo.

4. Leggete il primo testo (*Malavita importata*) e riassumetelo in breve; non preoccupatevi di parole sconosciute.

5. Credete che stiamo diventando un po' razzisti, dando troppo la colpa agli extracomunitari? Cosa si dovrebbe fare, secondo voi, per combattere efficientemente la delinquenza? Scambiatevi idee.

6. Secondo voi, le forze dell'ordine dovrebbero avere più poteri (p.e. il diritto di sparare), o c'è il pericolo di abusi e di brutalità da parte loro? Come giudicate il comportamento dei poliziotti?

7. Cosa sapete della mafia? Quanto vicini alla realtà credete siano i film di Hollywood su "Cosa nostra"? È forte la criminalità organizzata nel vostro Paese e in quali settori opera? Scambiatevi idee.

8. Descrivete la seconda foto in alto a destra e commentatela. Di solito chi sono i bersagli dei terroristi e quali i loro moventi, la loro ideologia? Parlatene. Com'è la situazione da voi?

9. Leggete il secondo testo (*La violenza*) e riassumetelo in breve; non importa se avete parole sconosciute. Pensate che oggi siamo ormai indifferenti di fronte alla violenza e al male in genere? Parlatene.

10. Come si potrebbero combattere gli istinti violenti dell'uomo? A vostro avviso, quanto contribuiscono i mass media alla diffusione della violenza? Motivate le vostre risposte.

Criminalità e violenza

MALAVITA IMPORTATA (E QUELLA ITALIANA)

Qualche tempo fa il ministro dell'Interno, Jervolino, criticava «la semplificazione che vuole collegare il flusso immigratorio con il traffico di droga e la malavita», poiché non c'era prova statistica per commisurare la diffusione del crimine con il crescente flusso immigratorio, clandestino e regolare.

Sarà il caso, allora, di segnalare un'approfondita ricerca, focalizzata sui fenomeni dell'ultimo decennio in Italia e condotta in collaborazione con esperti sia dell'Istat sia del ministero dell'Interno. Titolo dello studio «Immigrazione e criminalità in Italia». Conclusioni: «Sul totale dei cittadini extracomunitari denunciati per i vari delitti, quelli senza permesso di soggiorno sono quasi il 75 per gli omicidi e l'85 per i furti e le rapine. Così, se gli immigrati regolari oggi commettono reati più spesso degli italiani, gli irregolari superano di molte volte per tassi di criminalità sia i primi sia i secondi».

E, ovviamente, rende la situazione più difficile il fatto che arrivano senza documenti autentici e poi si nascondono, e che fra loro è maggiore la propensione ai rischi e alle violazioni di legge. Com'era previsto, dunque, l'immigrazione clandestina sottovalutata e poco fronteggiata non poteva che fornire manodopera criminale a basso costo. E ora, sia pure cercando di combattere odiose xenofobie o razzismi, si può minimizzare il fenomeno? Forse è difficile, nella terra delle innumerevoli «famiglie mafiose» del crimine organizzato, focalizzare l'attenzione sui crimini altrui. Ma se già tanto fastidiosa è la criminalità «cosa nostra», ancora più necessario è difendersi dall'importazione della criminalità «cosa loro».

tratto dal *Corriere della sera*

La violenza e il crollo dei valori morali

La vita umana sembra non avere più valore: si uccide, si ferisce, si offende, si umilia, si violenta, si opprime, si tortura, si terrorizza senza freno, ormai, senza pudore. La prepotenza si è fatta regola dei rapporti umani; l'aggressività è diventata comportamento generale, atteggiamento quotidiano; la criminalità risulta largamente impunita, e praticata da un numero crescente di individui sempre più decisi e spietati. Omicidi, ferimenti, furti, minacce, sparatorie, attentati terroristici, bombe, sequestri di persona, eliminazione di ostaggi sono, purtroppo, cronaca di ogni giorno, drammatica realtà quotidiana alla quale ci si sta addirittura abituando con rassegnazione e indifferenza, nonostante la sua gravità, a causa dell'ininterrotta frequenza con cui si presenta in ogni parte del mondo. Ed è proprio questo l'errore più grave e pericoloso che gli uomini giusti, pacifici, onesti possano commettere. L'abitudine e l'indifferenza al male, alla violenza, sono atteggiamenti morali e pratici da condannare: oltre tutto in questo modo si concede uno spazio maggiore ai violenti e ai criminali.

Ma ciò che determina più gravemente l'ondata di violenza che rischia di distruggere la civiltà attuale è senza dubbio il crollo verticale dei valori umani, degli ideali e dei sentimenti di giustizia, di rispetto della dignità di ogni creatura. Le stesse associazioni politiche, sindacali, culturali sono fondate piuttosto sulla difesa di interessi materiali che non sulla comunanza di valori generali. Ed è così che si diventa violenti, ognuno di noi, tutti quanti. Le tensioni accumulate giorno dopo giorno a scuola, in fabbrica, in ufficio, per la strada, in famiglia, nei rapporti interpersonali, determinano una propensione costante all'aggressività.

adattato da *La società civile*, Ferraro ed.

Trapianto e clonazione

lessico utile (glossario a p. 125)

trapiantare
espianto / prelievo
espiantare / prelevare
rene / fegato / polmone / cuore
donatore / ricevente
donazione di organi
acconsentire / consenso
problemi etici / bioetica
commercio / traffico di organi
banca di organi
macabro
morto / deceduto
biotecnologia
genetica
clonare / clone
clonazione umana
sperimentazione
embrione
acefalo
privo di coscienza
cellula
progresso tecnologico
scrupoli

Donatori per milione di abitanti:	
SPAGNA	27
GRAN BRETAGNA	17
FRANCIA	16
EUROTRANSPLANT (BENELUX, GERMANIA e AUSTRIA)	15,5
ITALIA	9
GRECIA	7,1

1. Descrivete il grafico in alto e commentatelo.
2. Che cosa sapete dei trapianti? Quali organi si trapiantano di più e come si trovano?
3. Secondo voi, c'è qualcosa di strano oppure d'immorale nel trapianto? E se gli organi si prelevano da animali? Motivate le vostre risposte.
4. Chi di voi vorrebbe essere donatore di organi, chi no e perché? Perché sono pochi quelli che lo fanno?
5. Leggete il primo testo (*Siamo tutti donatori*) e riassumetelo in breve; non preoccupatevi di parole sconosciute.
6. Siete d'accordo con questa legge o no e perché? Potete pensare a eventuali pericoli che nasconde?
7. La foto in alto rappresenta una tappa importantissima nella storia della genetica: la prima clonazione di un animale, della famosa pecora Dolly. Cosa sapete della clonazione e cosa ne pensate? Scambiatevi informazioni e idee.
8. Leggete il secondo testo (*Il fratellino in frigo*) e riassumetelo in breve. In quali punti è evidente l'ironia di Dario Fo?
9. Scherzi a parte, trovate l'idea del gemello congelato pazza e macabra oppure utile e presto realizzabile? Scambiatevi idee.
10. Quali altri pericoli potrebbe nascondere la clonazione? Discutetene, considerando anche il fatto che l'uomo non ha sempre dimostrato di essere abbastanza prudente nell'usare la scienza. Cosa credete potrebbe succedere in futuro?

Trapianto e clonazione

Siamo tutti donatori!

Chi tace acconsente. Lo stabilisce la nuova legge sui trapianti. Tutti i cittadini italiani maggiorenni dovranno dire se vogliono essere donatori potenziali di organi oppure no. Chi non si pronuncia è considerato automaticamente donatore. D'altra parte chi è iscritto all'Aido, l'Associazione italiana donatori di organi, è riconosciuto donatore secondo i criteri della nuova legge. Significa che, in caso di morte, i suoi organi possono essere espiantati anche se la famiglia si oppone.

Pro e contro. Ma come si fa a dire, in concreto, se si è pro o contro la donazione? «Tutti i cittadini riceveranno a casa un modulo dell'Asl. Avranno quindi tre mesi per compilarlo e restituirlo. Chi non lo fa verrà iscritto d'ufficio nella lista dei donatori» spiega Andrea Giannelli, medico legale e responsabile dell'ufficio trapianti della Liguria. La scelta non è però irrevocabile. In ogni momento si potrà cambiare idea, rivolgendosi all'Asl o lasciando ai propri familiari una dichiarazione firmata.

Garanzie. «I minori possono essere considerati donatori solo se entrambi i genitori danno il loro consenso» dice Franco Coppi, avvocato penalista e docente di diritto all'Università La Sapienza di Roma. «I neonati, gli orfani e gli handicappati gravi non sono considerati donatori. Né lo sono gli embrioni. In proposito la normativa è molto rigorosa: è vietato ricorrere alla genetica con lo scopo di dar vita alla cosiddetta fabbrica degli organi».

Rapidità. Chi è in attesa di un trapianto, grazie a questa legge ora ha nuove speranze. In primo luogo, perché ci saranno molti più organi a disposizione: nel "referendum" sul sì o sul no alla donazione, si prevede una maggioranza di risposte affermative. In secondo luogo, l'espianto (cioè togliere l'organo al donatore deceduto) sarà più veloce, in quanto non ci sarà da aspettare il consenso, basterà una verifica all'Asl.

tratto da Donna moderna

Il fratellino in frigo

V e lo immaginate? Il fratellino senza testa, tenuto in frigo, con il rischio di finire in pentola, ma disponibile a fornire, su richiesta, reni, fegato, polmoni, cuore ecc.. Tanto, questi esseri semiviventi, come assicura il re delle clonazioni, il professor Lee Silver, un Frankenstein dell'Università di Princeton, questi cloni acefali sono "esseri privi di coscienza", quindi non "persone", tanto che sarebbe perfettamente legale tenerli in vita come risorse di organi. Oltre che in frigorifero, i preziosi organi gemelli potrebbero essere sistemati in una valigia termica da portare in viaggio come pezzi di ricambio di cui poter disporre subito in caso d'infarto, blocco renale o altri incidenti. Ti prende l'infarto nel deserto mauritano? Che fai? Apri la tua valigetta termica e oplà! Cambio! Basta ricordarsi di portar sempre con sé il manuale del buon manipolatore genetico.

Insomma, finiamola con tanti scrupoli: la scienza avanza, le biotecnologie aprono all'uomo "magnifiche sorti e progressive". E se poi per far questo occorre tenere il fratellino in frigorifero, poco male: la civiltà e il progresso richiedono qualche vittima. E vogliamo noi essere contro il progresso? E vogliamo proprio noi rischiare di essere accusati di oscurantismo genetico? No! Qui ufficialmente lo dichiariamo: noi siamo fanatici sostenitori del clone, della libera manipolazione genetica, del libero scambio d'organi e del ricambio multiplo per la vita eterna … amen!

adattato da un articolo di Dario Fo, premio Nobel per la letteratura

Dario Fo

Politica

lessico utile (glossario a p. 125)

eleggere / elettore / elezioni
legge elettorale
sistema elettorale
campagna elettorale
urna
governo / maggioranza
opposizione / minoranza
Presidente del Consiglio

Presidente della Repubblica
Camera dei Deputati
Senato
referendum
astensione / scheda bianca
sondaggio
deputato / senatore
immunità parlamentare

coalizione di partiti
leader
tangente / bustarella
corruzione / corrotto
nepotismo / favoritismo
candidato
Parlamento / Europarlamento
fondi europei / direttive europee

1. Descrivete la prima foto in alto a sinistra.
2. A voi interessa la politica o no e perché? Come si può spiegare il progressivo disinteressamento dei cittadini per la politica che si nota negli ultimi anni? Scambiatevi idee.
3. Osservate la seconda foto e commentatela. Che idea avete dei politici in genere? Per quali motivi credete si scelga di diventare politici e quali sono i pro e i contro di questa professione?
4. Come giudicate l'opera svolta dai politici del vostro Paese negli ultimi anni? Parlatene. Quali sono i problemi più importanti ancora da risolvere?

5. Leggete il primo brano (*Partiti e società*) e riassumetelo in breve, senza preoccuparvi di parole sconosciute. La realtà descritta nel testo corrisponde a quella del vostro Paese?
6. È giusto, secondo voi, che i partiti abbiano tanti poteri? Credete che debbano essere finanziati dallo Stato o solo con contributi da privati? Motivate le vostre risposte.
7. Voi in base a quali criteri scegliete il partito da sostenere e votare? Quanto sono importanti oggi le ideologie politiche? Parlatene.

8. Leggete il secondo testo (*Corruzione...*), riassumetelo in breve e commentatelo; non importa se avete parole sconosciute. Quanto sono diffusi gli scandali e la corruzione politica nel vostro Paese? Parlatene.
9. Quanto "pulita" credete che sia oggi la politica ed i suoi esponenti in genere? Motivate le vostre risposte. Cosa pensate dell'immunità dei deputati? Scambiatevi idee.

10. Europa Unita: cosa ne sapete e cosa ne pensate? Per quali motivi è stata creata, quanto è riuscita a raggiungere i suoi obiettivi? Secondo voi, sono in pericolo l'identità nazionale e la cultura dei popoli europei? Scambiatevi idee e motivatele.

PARTITI E SOCIETÀ

L'importanza fondamentale dei partiti nel sistema politico e nella vita sociale del nostro Paese è più che evidente. Tanto per cominciare, non c'è telegiornale che non inizi, quasi ogni volta, con informazioni relative alla attività dei partiti, con interviste a segretari, vicesegretari di questo o di quell'altro partito, di governo e di opposizione, piccolo o grande che sia. I giornali, a loro volta, escono ogni giorno con notizie in prima pagina sugli uomini politici più rappresentativi, sui programmi, i documenti ufficiali, ecc. ecc., dei partiti.

D'altronde, in Italia non si muove una foglia, ormai, senza che a farla muovere non siano i partiti e la politica. Devono essere nominati i dirigenti di banche, di imprese statali, di industrie pubbliche, di enti: intervengono i partiti. Si deve avviare una iniziativa culturale, artistica, economica: ecco pronti i partiti a discutere, proporre, giudicare, criticare, approvare, negare. Si tratti di sport, di turismo, di spettacoli, oppure di economia, di lavoro, e così via, è sempre disponibile e presente un "esperto politico" di partito che interviene, dice la sua e spesso e volentieri impone il suo punto di vista.

I partiti, insomma, sono diventati onnipresenti, oltre che onnipotenti: sanno tutto, sono esperti di tutto, intervengono su tutto, decidono su tutto, parlano di tutto, anche se pochi li capiscono. Non voglia il cielo, poi che, in un settore qualsiasi, si debba votare, eleggere qualcuno: si scatena una vera e propria campagna propagandistica. Liste di partito, manifesti, incontri, dibattiti, non si contano più. Un finimondo.

I partiti, in altri termini, estendono la loro influenza determinante su ogni aspetto e in ogni settore della vita e dell'organizzazione della nostra società: hanno invaso praticamente tutti i campi, esercitando una funzione di potere decisionale e un ruolo di direzione che risultano a mano a mano sempre più vasti e per certi aspetti invadenti.

tratto da *La società civile*, Ferraro ed.

Corruzione: siamo proprio i primi in Europa?

Se c'è troppo Stato, c'è anche troppa corruzione. Ma nella graduatoria della legalità l'Italia merita proprio l'ultimo posto?

In Italia, è risaputo, c'è più corruzione che in altri Paesi. Si inizia con quel poco che intascano gli assessori del Comune e si finisce con la tangentona Enimont da 140 miliardi distribuita a partiti di governo, manager pubblici, avvocati ecc..
A seconda del Paese, cambia il significato della parola tangente: un'inevitabile fatalità nei Paesi mediterranei, un reato inaccettabile nel Nord Europa. Ma anche là dove è vista con il massimo disprezzo, la corruzione esiste e si diffonde. Se non la si ferma in tempo, diventa «un fenomeno che aderisce ai meccanismi giuridici ed economici di una società come un cancro e che ne modifica il codice genetico» ricordano Laura Mezzanotte ed Ernesto Savona, autori di uno studio sulla corruzione in Europa.

Perché l'Italia, secondo questo studio, batte tutti in corruzione? A differenza degli altri Paesi europei, scrivono i due studiosi, da noi il fenomeno è presente in tutti i livelli dell'amministrazione pubblica, compreso quello più elevato: come ha dimostrato lo scandalo Enimont, «lo scambio corrotto diventa un'enorme e complessa operazione politica e finanziaria in cui scelte di fondo della politica industriale italiana vengono piegate agli interessi dei signori della tangente». In nessun altro Paese dell'Unione Europea la pressione della corruzione sarebbe arrivata a condizionare l'attività del Parlamento e del governo. Ma è proprio vero? Forse, in alcuni casi ha raggiunto i livelli italiani senza essere ancora scoperta…

adattato da *Panorama*

Sport, affari e adrenalina

lessico utile (glossario a p. 126)

professionismo
professionista / dilettante
professionistico / dilettantistico
sport agonistico
imprenditore
sponsor / sponsorizzare
finanziamento / sponsorizzazione
speculazione economica
diritti televisivi

tifoso
campionato / scudetto
doping
fare uso di anabolizzanti
battere un record / primato
scommesse clandestine
sport estremi
provare l'ebbrezza
far salire l'adrenalina

a caccia di emozioni / brividi
caduta libera
lanciarsi nel vuoto
rischiare la vita
cautela / prudenza
patito / appassionato
esibirsi / esibizione
sfida / sfidare
bravata

1. Osservate la prima foto in alto a sinistra e descrivetela.

2. Quanto diverso è lo sport professionistico e ad alto livello da quello dilettantistico? Quale dei due preferite e perché?

3. Come notate, sulle magliette dei giocatori della foto c'è una grande pubblicità; qual è il suo ruolo nello sport moderno e cosa ne pensate?

4. Leggete il primo testo (*Sport e affari*) e riassumetelo in breve; non importa se avete parole sconosciute.

5. Le squadre per comprare nuovi giocatori o per rinnovare contratti spendono somme spesso astronomiche; credete che gli atleti meritino questi soldi o che si tratti di un'esagerazione? Scambiatevi idee.

6. Da chi e per quali motivi viene investito tanto denaro nello sport? In mezzo a tanti interessi si può parlare di trasparenza? Se no, perché, secondo voi?

7. Perché tanti atleti rischiano la vita facendo uso di sostanze anabolizzanti? Parlatene.

8. Leggete il secondo testo (*Stamattina mi butto*) e riassumetelo in breve, senza preoccuparvi di parole sconosciute.

9. Cosa spinge la gente a voler fare esperienze così estreme? Voi ci provereste mai? Motivate le vostre risposte.

10. Credete che oggi si sottovaluti l'importanza degli autentici ideali dello sport e dello spirito olimpico? Cosa si dovrebbe fare in proposito? Parlatene.

Sport, affari e adrenalina

Sport e affari

Negli ultimi anni lo sport risulta profondamente snaturato nei suoi valori e nella sua funzione: ridotto a puro professionismo, ad esasperato agonismo, esso è diventato, tra l'altro, anche un colossale affare economico dal quale, come al solito, pochi e ristretti gruppi di imprenditori ricavano direttamente o indirettamente profitti abbastanza consistenti. Per convincersene, basta pensare non solo al prezzo altissimo dei biglietti per qualunque manifestazione sportiva, ma anche alle cifre scandalose che vengono pagate a campioni particolarmente bravi e famosi, alle somme che le aziende interessate versano per farsi la pubblicità nel corso delle gare, al giro frenetico di milioni messo in moto da viaggi, trasferte, incontri vari. Sono centinaia e centinaia di miliardi che in un modo o nell'altro escono fuori dalle tasche degli "sportivi" per finire in quelle di pochi professionisti e imprenditori-dirigenti. E sarà proprio questa la ragione per cui lo sport come attività sociale di massa viene ostacolato o comunque non incoraggiato né concretamente consentito.

In linea di massima si può dire che la ragione economica uccide lo sport quando essa si sovrappone totalmente al gioco, come avviene negli incontri truccati, negli esiti precostituiti a tavolino, nelle scommesse clandestine operate dai membri implicati nella gara.

tratto da *La società civile*, Ferraro ed.

Stamattina mi butto

«Cercare il limite estremo, ma essere capaci di fermarsi un po' prima», diceva Patrick de Gayardon, l'Icaro francese detentore di ogni record di volo libero. Lo choc per la sua morte ha scatenato un mare di polemiche. Sotto processo la filosofia stessa degli sport estremi, "poco rispettosa della vita" secondo il cardinale Ersilio Tonini. E condannata dallo scalatore Reinhold Messner, che ironizza sui fanatici primati realizzati dai superman del No-Limits.

Ma un fatto è certo: né la tragica fine di tanti sfortunati atleti né le prediche dell'arcivescovo di Ravenna riusciranno a fermare il popolo dell'estremo. Dietro ai nomi famosi e alle loro imprese irraggiungibili si muove un esercito di appassionati. Certo, c'è una bella differenza tra Mike Horn, che è sceso in Hydrospeed lungo il Rio delle Amazzoni, ripreso e pagato dallo sponsor di turno e il giovane impiegato che va a trascorrere il suo tranquillo weekend di paura facendo rafting sul fiume Noce. La stessa differenza che separa il pilota di Formula 1 dall'automobilista che si "ingarella" ai semafori.

Ma di sicuro c'è che il gusto per la sfida, il confronto con la natura, la caccia alle emozioni forti non sono più privilegio solo di un pugno di superuomini dell'avventura. Sono circa 100 mila le persone che in Italia hanno provato almeno una volta il brivido degli sport estremi. E qualche centinaio i cacciatori di record che sognano di essere sponsorizzati dalla *Sector*, dalla *Enervit* o dalla *Marlboro* per le loro imprese sempre più folli.

D'altra parte il maggior numero di incidenti si verifica per l'inesperienza o per le bravate dei soliti pazzi incoscienti. Dalle stragi di alpinisti sul monte Everest agli snowbordisti morti ad Aspen. «Tutto questo non ha niente a che vedere con lo spirito dei cacciatori di emozioni», interviene Stefano De Benedetti, pioniere italiano dello sci estremo: «Il professionista dell'estremo non è uno che ama il rischio fine a se stesso. Cerca di seguire sempre una progressione rigorosa, dal facile al difficile, senza esagerare. La sicurezza è la sua prima preoccupazione».

tratto da *L'Espresso*

Alimentazione e biotecnologia

lessico utile (glossario a p. 126)

mangiare sano
cibo
dieta mediterranea
alimentazione equilibrata / corretta
abitudini alimentari
educazione alimentare
prevenire malattie
nutrizione / nutritivo
integratore alimentare
grassi
vegetariano
frutta e verdura
combinare
genetica / gene
ingegneria genetica
prodotti transgenici
geneticamente modificato / manipolato
laboratorio
erbicidi
trasparenza
tutela del consumatore
sistema immunitario
diossina

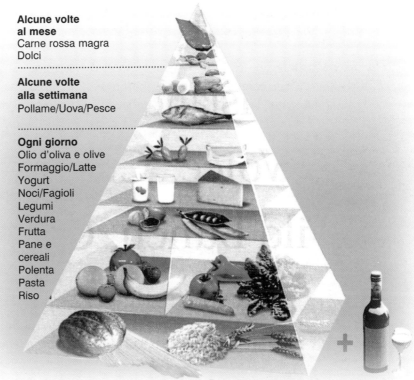

DIETA MEDITERRANEA E VINO

Alcune volte al mese
Carne rossa magra
Dolci

Alcune volte alla settimana
Pollame/Uova/Pesce

Ogni giorno
Olio d'oliva e olive
Formaggio/Latte
Yogurt
Noci/Fagioli
Legumi
Verdura
Frutta
Pane e cereali
Polenta
Pasta
Riso

1. Osservate il grafico e descrivetelo.
2. Si parla sempre più della dieta mediterranea; che cosa ne sapete? Scambiatevi informazioni.
3. Pensate un attimo alla vostra alimentazione; come la giudicate? Per voi è importante quello che mangiate o il sapore è l'unica cosa che conta?
4. Perché nutrirsi in modo equilibrato è così importante per l'uomo? Quali sono i benefici per la nostra salute, fisica e mentale? Scambiatevi idee.
5. Credete di essere generalmente informati sull'alimentazione? Come si potrebbe imparare a mangiare in modo giusto?
6. Nonostante la cucina tradizionale di ogni Paese, i consigli di genitori e medici ecc. i fast-food non passano mai di moda; perché, secondo voi? Come mai questo modo di mangiare in fretta viene così criticato? Voi cosa ne pensate?
7. Leggete il testo e riassumetelo in breve; non preoccupatevi se avete parole sconosciute.
8. Oltre ai pericoli, quali sono i vantaggi dei cibi geneticamente modificati? Credete che la loro riproduzione dovrebbe essere vietata?
9. Consumereste alimenti di questo tipo o no e perché? Può darsi che lo stiamo facendo senza saperlo? D'altra parte, vi fidate di tutto quello che si trova sulle nostre tavole? Parlatene.
10. Secondo molti, questa paura della biotecnologia fa parte del solito iniziale allarmismo di fronte alle novità scientifiche; siete d'accordo? Motivate le vostre risposte.

Toglietemi quei geni dal piatto

Fragole grandi come mele, riso ipernutriente. Sono solo alcuni dei tanti alimenti geneticamente manipolati. Ma sui rischi per la salute e per l'ambiente non sappiamo ancora abbastanza.

A seconda del gene inserito nel loro DNA il risultato finale cambia. Maturano più in fretta o più lentamente. Tollerano il gelo o la siccità. Acquistano una "naturale" resistenza agli erbicidi. Acquisiscono qualità nutritive (più ricche di vitamine, più tenere e dolci) o caratteristiche peculiari (sono giganti, più piccole o "su misura"). Sono le piante manipolate geneticamente, frutto delle innovazioni tecnologiche in biologia, e si trovano sulle nostre tavole.

Se oggi si dovesse fare un elenco dei «Frankenfood» o «cibi Frankenstein», come li chiamano i Verdi, ci si perderebbe. Gli ingegneri genetici hanno creato un menu high-tech tanto fantasioso quanto inquietante. Uva e meloni senza semi, patate che assorbono meno olio nella frittura, fragole grandi come mele che tollerano il gelo, riso che contiene il doppio di ferro e vitamina A, soia che cresce a temperature glaciali (meno 52 gradi), piselli più dolci, carne più magra. L'elenco delle piante transgeniche si allunga di giorno in giorno.

Una vera rivoluzione scientifica che ha generato grandi aspettative, ma anche quesiti e dubbi sulla salute dell'uomo e la tutela dell'ambiente. «Le conseguenze sono imprevedibili. E le ipotesi sui rischi vanno verificate nel breve e nel lungo termine da scienziati indipendenti, che nulla abbiano a che fare con le multinazionali che producono semi transgenici» dice Jeremy Rifkin, autore del saggio *Il secolo biotech*. Due recenti vicende, il meeting di Cartagena e le disavventure di uno scienziato inglese, hanno dimostrato quanto sia difficile una garanzia di trasparenza per i consumatori. Dopo tre anni di accese discussioni e dieci giorni di notti in bianco, il 24 febbraio a Cartagena, in Colombia, i delegati di 170 paesi hanno dovuto ammettere il loro fallimento. Non sono riusciti a stabilire regole per il commercio internazionale di prodotti transgenici.

Ancora più sconcertante è la vicenda delle patate «modificate» che ha occupato per giorni le prime pagine dei quotidiani inglesi. Tutto cominciò nello scorso agosto quando Arpad Pusztai (che allora lavorava al Rowett Institute) annunciò in tv gli effetti delle patate transgeniche: come risultava dai suoi test, facevano crollare il sistema immunitario dei topi. È stata una reazione a catena: l'Istituto ha licenziato Pusztai per aver diffuso «informazioni false». Nel frattempo il caso è diventato pubblico, ricercatori stranieri gli hanno espresso solidarietà, denunciando la segretezza imposta dall'Istituto Rowett e chiedendo la riabilitazione dello scienziato.

«Finché le biotecnologie riceveranno finanziamenti, questi cibi continueranno ad arrivare dagli Usa» ha detto Kalee Kreider di Greenpeace, a Washington. «Già ora un quarto della soia che si mangia è transgenica. La sua farina è un ingrediente di cioccolata, creme, gelato, biscotti. E sulle etichette non è scritto»...

adattato da Panorama

Compiti comunicativi

Svolgete i seguenti compiti comunicativi. Un compagno (o il vostro professore) può fungere da interlocutore

1 Un caro amico italiano ti chiama per annunciarti che trascorrerà alcuni giorni nella tua città e vorrebbe vederti, anzi vorrebbe che tu lo ospitassi! Tu accetti con piacere, visto che per te sarà un periodo di ferie. Gli chiedi allora tutti i particolari del suo viaggio (data di arrivo e di partenza, volo, ecc.), e gli proponi in breve alcune cose da fare e dei posti da visitare in quei giorni.

2 Per migliorare il tuo italiano hai deciso di frequentare un corso estivo in Italia. Confuso tra tanti opuscoli di scuole del genere, chiami un tuo amico fiorentino e chiedi il suo aiuto; gli spieghi, dunque, le caratteristiche della scuola adatta ai tuoi bisogni e alle tue possibilità economiche. Lui, con delle domande, cerca di capire il corso particolare che stai cercando e promette di aiutarti, visitando due - tre scuole che ritieni più interessanti.

3 Un tuo amico italiano, da anni proprietario di una scuola d'italiano nel tuo Paese, ti annuncia che vorrebbe tornare in Italia e fare qualcosa del tutto diverso. In particolare avrebbe intenzione di rispondere al seguente annuncio:

> **AFFARE** causa separazione vendo negozio abbigliamento, posto centrale, clientela garantita. Milano, Tel.02-34.50.88. Sig. Armani

Tu credi che il tuo amico incontrerà molte difficoltà, non avendo alcuna esperienza in questo campo. Cerchi, dunque, di fargli cambiare idea, anche se lui insiste.

4 Stai viaggiando in nave, nel tuo Paese, quando noti accanto a te un ragazzo della tua età che, seduto da solo, legge un libro italiano. Ti presenti e attacchi discorso: gli chiedi di dov'è, dove va, quanto si fermerà, gli racconti quando e dove hai studiato la lingua italiana ecc.. Poi, discutete del libro che sta leggendo, di quello che leggi tu, proponi posti da visitare, ecc..

5 Hai appena comprato un bellissimo maglione molto caro; vai a casa e - naturalmente - lo provi. Ma mentre ti guardi nello specchio, ti rendi conto che ha un piccolo buco! Torni al negozio, spieghi alla commessa la situazione e le chiedi di sostituirti il maglione. I problemi, però, sono due: non ce n'è uno della stessa taglia e, in assenza del proprietario, lei non ti può dare indietro i tuoi soldi. Inoltre, la commessa non sembra molto convinta che il buco c'era fin dall'inizio!

6 Un tuo parente vuole trascorrere due settimane di vacanza in Italia, ma, non fidandosi tanto delle agenzie di viaggi e degli opuscoli pubblicitari, chiede il tuo aiuto. Tu telefoni ad un tuo amico italiano che lavora nel campo del turismo e gli chiedi di suggerirti un tranquillo posto al mare, trovando una sistemazione per il tuo parente. Indichi le caratteristiche che l'alloggio deve avere e inoltre parlate di date, costi ecc..

7 Un tuo amico italiano ha deciso di comprare uno degli appartamenti del seguente annuncio:

> **BASILICATA**. Vendesi casa di campagna mq. 1.500, divisa in sei appartamenti, vasto giardino, box, minimo anticipo.

Gli consigli di ripensarci bene poiché la convivenza non è una cosa semplice e, inoltre, lui, abituato a vivere in città, incontrerà forse delle difficoltà con la vita di campagna. Infine, case come quella dell'annuncio hanno spesso bisogno di ristrutturazione e, comunque, alti costi di manutenzione. Ovviamente, il tuo amico insiste…

8 Un ragazzo italiano si è trasferito da due settimane nel tuo Paese per motivi di lavoro, ma non è ancora riuscito ad ambientarsi: ha fatto poche conoscenze e non si è abituato ai ritmi della città. Cerchi di consolarlo e di aiutarlo ad uscire dal suo isolamento; gli consigli, dunque, varie attività per il suo tempo libero, posti e locali dove andare, e lo inviti ad uscire una sera insieme ai tuoi amici. Infine, gli suggerisci una buona scuola dove imparare la lingua e cominciare a conoscere la realtà del tuo Paese.

9 Hai saputo che un'amica italiana si è finalmente laureata, superando parecchi esami difficili in pochi mesi! La chiami per farle gli auguri e chiederle come ha festeggiato o come festeggerà questo felice momento. Inoltre le fai delle domande su quello che pensa di fare adesso, quanto cambierà la sua vita, se cercherà subito un lavoro, ecc.

10 Sei in vacanza a Venezia insieme alla tua famiglia, ma avete dei problemi con l'albergo: dalla vista delle camere alla colazione, dalla pulizia al rumore, ecc.. Insomma, i servizi offerti non corrispondono al prezzo alto o al dépliant che avevate visto. A te, l'unico in famiglia che parla bene l'italiano, viene assegnato il compito di parlare con il direttore dell'albergo, esprimere tutte le vostre lamentele e chiedergli di risolvere i vostri problemi.

11 Sei in macchina (o in taxi) per andare a incontrare una persona cara. All'improvviso suona il tuo cellulare: è il tuo amico che, proprio all'ultimo momento, ti avvisa che purtroppo deve cancellare il vostro appuntamento perché gli è successo qualcosa. Ma a te questo non basta…

12 Un tuo amico milanese ti chiama per invitarti a casa sua a Natale. Anche se ti sarebbe piaciuto molto andarci, hai già altri progetti (o impegni) per quel periodo. Lo ringrazi dell'invito, ti scusi gentilmente, spiegandogli i motivi per cui non puoi accettare e lo inviti a tua volta a casa tua per le vacanze estive.

13 Finita l'università in una città italiana, torni nel tuo Paese. Qualche giorno dopo il tuo ritorno incontri per strada un vecchio compagno di scuola che non vedevi da anni. Alla notizia della laurea si complimenta con te e ti fa delle domande sulla vita in Italia, l'università, le eventuali difficoltà che hai incontrato, ecc..

14 Ad un tuo amico italiano è stato offerto un posto di lavoro nel tuo Paese e, in particolare, nella tua città. Ti chiama, quindi, chiedendoti delle informazioni sui pro e i contro della vita da voi (costo della vita, traffico, inquinamento, divertimento, ecc.) Rispondi a tutte le sue domande, consigliandogli di accettare la proposta.

15 Vorresti trascorrere alcuni giorni di vacanza in una località turistica in Italia. In una rivista italiana leggi il seguente annuncio:

> CESENATICO VALVEDERE, vicino al mare, affittasi per l'estate appartamento autonomo, confortevole, ristrutturato, con vista panoramica. Informazioni: dott. M. Sabini, 0547/86512.

Telefoni per chiedere informazioni sull'appartamento, il prezzo e il modo di pagamento, la posizione esatta, ecc..

16 Un tuo amico intimo, sposato da appena un anno, ti fa sapere che sta per divorziare! Dopo il primo choc, gli chiedi i motivi per cui sta per prendere una decisione del genere in così poco tempo: a quanto pare, si è pentito di essersi sposato tanto giovane, visto che il matrimonio non è un affare semplice come pensava lui. Tu, dopo aver sentito i problemi che ha con sua moglie, gli consigli di ripensarci bene perché può darsi che la colpa sia anche sua e, comunque, il divorzio è una cosa molto seria.

17 Un tuo amico italiano ti chiama dopo parecchio tempo e chiede tue notizie. Tu attualmente sei un po' triste, perché dopo molti tentativi non sei ancora riuscito a trovare un lavoro. Il tuo amico, disoccupato anche lui, ti chiede che tipo di lavoro vorresti trovare e in che modo lo stai cercando. Alla fine ti consiglia di avviare una tua attività professionale. Ma tu ritieni difficile tale decisione.

18 Tu e una tua amica state facendo un veloce giro turistico dell'Italia. L'ultimo giorno del tour vi trovate per poche ore a Milano dove, finalmente, avrai la possibilità di visitare il meraviglioso Duomo. Purtroppo, proprio accanto al Duomo si trova la *Rinascente,* il più noto dei grandi magazzini italiani e una grandissima tentazione per la tua amica. Insomma, dovete scegliere tra arte e moda italiana. Ma alla fine riesci a convincere la tua compagna a seguirti.

19 Nell'appartamento accanto al tuo si è da poco trasferita una giovane coppia italiana; tutti e due sono persone simpatiche, il loro cane invece non tanto! Abbaia continuamente, a volte anche di notte, e non ti lascia in pace. Una sera, stanco dei vani tentativi di concentrarti e studiare, bussi alla loro porta e protesti, dicendo che non si può andare avanti così e che dovranno prendere delle misure, altrimenti sarai purtroppo costretto a denunciarli! Dopo una breve discussione trovate una soluzione.

20 Sei in Italia come studente e, poiché l'università dista parecchio dalla tua casa decidi di comprare un'auto usata. Sul giornale trovi questo annuncio che non è molto dettagliato, ma sembra interessante:

> **ALFA ROMEO** 145, pochi chilometri, buone condizioni. Vera occasione, prezzo trattabile. 06-34.11.980

Chiami, dunque, il proprietario e gli chiedi più informazioni: chilometri fatti, prezzo e modo di pagamento, colore, anno costruzione, incidenti ecc. Infine, fissi un appuntamento per andare a vedere la macchina.

21 Sei in Italia ospite di un amico napoletano. Suo padre, insegnante al liceo, ti fa delle domande sulla scuola del tuo Paese: come è strutturata, quali sono i suoi pro e i contro, come sono i rapporti tra insegnanti e alunni, come ci si iscrive all'università, ecc.. Tu rispondi chiedendo a tua volta alcune informazioni sull'università italiana.

22 Una tua amica ti chiama molto agitata: ha litigato con i suoi genitori ed è andata via di casa! Non sapendo cosa fare, pensa di venirti a trovare e ti chiede di ospitarla per qualche giorno. Tu, sorpreso, cerchi di calmarla e spiegarle che questa non è la soluzione ideale, ma creerebbe solo più problemi. Inoltre, per incoraggiarla un po', le parli dei problemi che anche tu avevi con i tuoi nel passato e che hai risolto facendo pazienza.

23 Sei a Siena dove frequenti un corso estivo di quattro settimane. Dopo la prima settimana, però, sei molto deluso dalla scuola che hai scelto e decidi di tornare nel tuo Paese. Poiché è impossibile ottenere un rimborso dai proprietari della scuola, cerchi almeno di convincere la padrona dell'appartamento che hai preso in affitto di darti indietro i soldi che le avevi anticipato; tanto, lei potrà affittarlo di nuovo. Per convincerla pensi a mille scuse.

24 Sei studente in Italia da tre anni e, a causa di difficoltà economiche, stai cercando un lavoro part time. Tra gli annunci che leggi sul giornale consideri più interessanti questi due:

> **NEGOZIO** abbigliamento cerca commesso/a, anche part time bella presenza, conoscenza lingue. Telefono 06-78.36.67.35

> **RISTORANTE** cerca camerieri/e extra, esperti/e o apprendisti/e, orario serale, serietà. Telefonare 06-32.90.44.12

Telefoni per chiedere più informazioni (orario preciso, stipendio, zona) ma anche per spiegare che non sei italiano, però conosci molto bene la lingua. In più rispondi alle domande del proprietario (età, esperienza, nazionalità, ecc.) e fissate un appuntamento.

25 Sei in Italia come turista. All'improvviso, cercando nel tuo marsupio, ti rendi conto che non c'è più né il tuo portafoglio né il tuo passaporto. Vai subito in questura e spieghi all'agente le condizioni in cui è probabilmente avvenuto il furto. In più fornisci tutti i tuoi dati personali, l'albergo in cui alloggi, la data di partenza ecc. e chiedi informazioni su cosa fare adesso che sei senza soldi e documenti.

26 Sei in vacanza al mare nel tuo Paese, seduta sotto un ombrellone e leggi una rivista italiana. Un ragazzo italiano, notando la rivista, ti prende per una sua connazionale e ti saluta, chiedendoti di dove sei. Quando si rende conto che non sei italiana comincia a farti delle domande, meravigliato dal fatto che una ragazza straniera parli così bene l'italiano. Alla fine ti invita ad uscire con lui. Rifiuti gentilmente trovando una scusa.

27 Sei appena tornato nel tuo Paese dopo due settimane in Italia, dove sei stato ospite di una famiglia italiana. Li chiami per ringraziarli per tutto quello che hanno fatto per te, dire quanto ti sei divertito, ricordando qualche momento particolarmente divertente, invitarli a casa tua per ricambiare l'ospitalità e chiedergli un ultimo favore: spedirti quanto prima alcuni libri che hai dimenticato a casa loro e di cui hai veramente bisogno.

28 Tu e una tua amica siete in un prestigioso ristorante italiano, dove mangiate divinamente. Quando arriva il conto, però, il vostro buon umore cambia subito: dovete pagare il doppio di quello che avevate calcolato! Parlate con il proprietario e cercate di spiegargli che probabilmente c'è stato qualche errore. Ma la verità si trova a metà strada.

29 Ti sei iscritto all'Università di Bologna, hai sistemato quasi tutto, tranne un ... particolare: non sei ancora riuscito a trovare casa. Stai in albergo da qualche giorno e comincia a prenderti l'angoscia. Alla mensa vedi il seguente annuncio:

OFFRESI POSTO LETTO IN AMPIA CAMERA DOPPIA IN OTTIMO APPARTAMENTO, ZONA SAN DONATO. COMPRESO TELEFONO E LAVATRICE.

Tel.65587 Tel.65587 Tel.65587 Tel.65587 Tel.65587 Tel.65587 Tel.65587 Tel.65587 Tel.65587 Tel.65587 Tel.65587 Tel.65587 Tel.65587 Tel.65587 Tel.65587 Tel.65587 Tel.65587

Telefoni subito e chiedi più informazioni: numero persone nell'appartamento, dimensioni e condizioni camera, affitto, eventuali mobili, distanza dall'università e come ci si può andare, ecc.. Alla fine fissi un appuntamento per vedere la camera e conoscere i tuoi futuri compagni di casa.

30 Un tuo familiare (fratello/sorella/cugino ecc.) partirà presto per l'Italia per andare a studiare all'università. Chiami una cara amica italiana, la informi di questo fatto e della data di arrivo e la preghi di aiutare quanto possibile il tuo familiare, specialmente i primi giorni difficili (iscrizione all'università, ricerca casa, ecc.) ma non solo, visto che si tratta di una persona giovane, con poca esperienza. Ringrazi in anticipo la tua amica promettendole di scambiarle il favore appena possibile.

31 Sei appena atterrato a Roma per la prima volta e sei pieno di entusiasmo. Aspetti le tue valigie, guardandoti intorno e ammirando il bellissimo aeroporto "Leonardo Da Vinci". Un'ora dopo il tuo entusiasmo si è trasformato in panico perché le tue valigie non si trovano da nessuna parte! Ti rivolgi all'apposito ufficio dove dichiari di aver perso i tuoi bagagli e ti informano che, probabilmente, sono stati caricati sull'aereo sbagliato. Per trovarli devi spiegare all'impiegato tutti i particolari: volo, modello e colore delle valigie, recapito a cui ti saranno spedite una volta trovate, ecc..

32 È lunedì sera, sei a casa seduto davanti alla tv quando all'improvviso suona il campanello: è un tuo carissimo amico italiano, appena arrivato dall'Italia senza avvisarti per farti una sorpresa! Ospitarlo non è tanto un problema poiché abiti da solo, ma proprio questa settimana è una delle più intense e difficili per te. Gli dici che sei molto contento di vederlo, ma che purtroppo non sarai in grado di dedicargli molto tempo. Gli spieghi il motivo e gli proponi delle attività per le ore in cui sarai impegnato.

Espressioni e massime

Gli amici

Il falso amico è come l'ombra che ci segue fin che dura il sole.

Nella sventura dei nostri migliori amici, troviamo sempre qualcosa che non ci spiace del tutto.

Patti chiari, amicizia lunga.

- Spiegate il significato generico delle massime.
- Quanto importante è oggi l'amicizia?
- È sempre facile identificare gli amici veri? Che qualità deve avere, secondo voi, l'amico ideale? Parlatene.
- Credete che sia più autentica l'amicizia tra uomini o tra donne? Motivate le vostre risposte.

L'amore

L'amore è come la fortuna: non gli piace che gli si corra dietro.

Amore non è guardarsi a vicenda: è guardare insieme nella stessa direzione.

A giudicare l'amore dalla maggior parte dei suoi effetti, somiglia più all'odio che all' amicizia.

- Spiegate il significato generico delle massime.
- Credete che oggi sia più difficile amare che in altri tempi? Motivate le vostre risposte.
- Cosa vuole dire per voi vero amore? Scambiatevi idee. Secondo voi, amare significa anche possedere?
- Dicono che l'amore è un continuo gioco, con regole che bisogna rispettare. Siete d'accordo? Parlatene.

Bene e male

Il male che gli uomini compiono si prolunga oltre la loro vita, mentre il bene viene spesso sepolto insieme alle loro ossa.

Non è necessario credere in una fonte sovrannaturale del male: gli uomini da soli sono per- fettamente capaci di qualsiasi malvagità.

Il genere umano non odia mai tanto chi fa il male, né il male stesso, quanto chi lo nomina.

- Spiegate il significato generico delle massime.
- Secondo voi, l'uomo di natura è più incline al bene o al male? Scambiatevi idee.
- C'è chi dice che l'uomo ha sempre avuto bisogno di un Dio in cui credere e di un diavolo di cui avere paura, così li creò entrambi. Qual è la vostra opinione?
- Credete di essere persone buone? Essere troppo buoni potrebbe avere degli effetti negativi? Motivate le vostre risposte.

La bugia

Le bugie sono per natura così feconde, che una ne vuole partorir cento.

Le bugie hanno le gambe corte.

Le masse ... cadranno vittime più facilmente di una grossa menzogna che di una piccola.

- Spiegate il significato generico delle massime.
- Credete che la sincerità sia una qualità rara nella nostra epoca? Se sì, perché?
- In quali occasioni è preferibile mentire? Ci sono bugie innocenti? Motivate le vostre risposte.
- Vi è mai capitato di uscire da una situazione difficile grazie a una bugia? Parlatene.
- Oggi tante persone sono molto diffidenti e sospettose verso gli altri. Secondo voi, fanno bene o male?

La cortesia

Quando si deve uccidere un uomo, non costa niente essere gentili.

Chi sa carezzar le persone, con poco capitale fa grosso guadagno.

La cortesia è per la natura umana quello che è il calore per la cera.

- Spiegate il significato generico delle massime.
- Credete che nella società contemporanea la cortesia sia un valore superato? Motivate le vostre risposte.
- Voi credete di essere cortesi? In quali occasioni vi dà particolare fastidio la mancanza di gentilezza?
- Troppa gentilezza vi fa paura? Parlatene.

La cultura

La cultura rende un popolo facile da guidare, ma difficile da trascinare; facile da governare, ma impossibile a ridursi in schiavitù.

Solo l'uomo colto è libero.

Il principale compito della cultura, la sua vera ragion d'essere, è difenderci contro la natura.

- Spiegate il significato generico delle massime.
- Che significato ha per voi la parola cultura? Scambiatevi idee.
- Com'è possibile ampliare la propria cultura? Quanto è importante questo per voi? Motivate le vostre risposte.
- Che idea avete delle persone colte? Parlatene.

Dolore e gioia

La felicità è benefica al corpo, ma il dolore quello che sviluppa le facoltà dello spirito.

Tutte le grandi gioie si somigliano nei loro effetti, a differenza dei grandi dolori che hanno una scala di manifestazioni molto variata.

Il saggio cerca di raggiungere l'assenza di dolore, non il piacere.

- Spiegate il significato generico delle massime.
- La vita è piena sia di momenti belli che difficili; quali sono quelli che ci "segnano" di più? Motivate le vostre risposte.
- Vorreste vivere una vita priva di ogni dolore e problema? Scambiatevi idee.
- Qual è il modo migliore per superare i momenti difficili? Parlatene.

La felicità

La felicità materiale riposa sempre sulle cifre.

Bisognerebbe tentare di essere felici, non foss'altro per dare l'esempio.

La felicità di ciascuno è costruita sull'infelicità di un altro.

- Spiegate il significato generico delle massime.
- Esiste la felicità? Che cos'è, secondo voi? Scambiatevi idee.
- Felici si diventa o si può anche imparare ad esserlo? Motivate le vostre risposte. Voi vi sentite felici o no e perché?
- Quali sono le cose che vi rendono felici o infelici? Scambiatevi idee.

La gelosia

Questa grande, nobile, deliziosa passione, l'unico simbolo autentico dell'amore, se non addirittura il suo alter ego.

Come geloso, io soffro quattro volte: perché sono geloso, perché mi rimprovero di esserlo, perché temo che la mia gelosia finisca col ferire l'altro, perché mi lascio dominare da una banalità: quella di essere come tutti gli altri.

La gelosia nasce sempre con l'amore, ma non sempre muore insieme.

- Spiegate il significato generico delle massime.
- La gelosia è un sentimento positivo o negativo? Motivate le vostre risposte.
- Secondo voi, c'è amore senza gelosia e gelosia senza amore?
- Siete mai stati artefici o vittime di eccessiva o ingiustificata gelosia? Come vi siete comportati? Parlatene.

La guerra

La guerra è il sistema più spiccio per trasmettere una cultura.

La guerra è una cosa troppo seria per lasciarla ai militari.

Tutti i popoli sono per la pace, nessun governo lo è.

- Spiegate il significato generico delle massime.
- La guerra è una cosa orribile che tutti odiano, eppure continua a svolgersi quasi senza tregua in ogni angolo del pianeta, coinvolgendo anche Stati sviluppati e "civilizzati". Perché, secondo voi?
- Una guerra può essere fatta per nobili propositi? Scambiatevi idee.
- La guerra segna per sempre tutti quelli che la vivono da vicino; che effetti ha sulle le generazioni nate e cresciute durante o subito dopo una guerra? Parlatene.

L'invidia

Gli uomini non conoscono la propria felicità, ma quella degli altri non gli sfugge mai.

Il milionario non goderebbe niente se gli mancasse l'invidia del popolo.

L'invidia è la base della democrazia.

- Spiegate il significato generico delle massime.
- Secondo voi, l'invidia può anche essere costruttiva? Motivate le vostre risposte.
- Credete che la società stessa ci renda in qualche modo propensi all'invidia? Parlatene.
- Avete invidiato qualcuno o qualcosa nella vostra vita? Se sì, in che modo vi ha influenzato tale sentimento?

La legge

Anche quando le leggi sono scritte, non dovrebbero mai rimanere immutate.

La legge è fatta esclusivamente per lo sfruttamento di coloro che non la capiscono, o ai quali la brutale necessità non permette di rispettarla.

Le leggi sono come ragnatele, che rimangono salde quando vi urta qualcosa di molle e leggero, mentre una cosa più grossa le sfonda e sfugge.

- Spiegate il significato generico delle massime.
- Una società senza leggi è un'utopia o qualcosa di realizzabile? Scambiatevi idee.
- Secondo voi, si obbedisce alla legge per paura della pena, per disciplina personale o per altro? Parlatene.
- La legge è "uguale per tutti"? Motivate le vostre risposte.
- Legge e giustizia coincidono sempre? Voi infrangereste la legge pur di fare del bene?

La libertà

La libertà è il diritto di fare tutto quello che le leggi permettono.

O libertà, quanti delitti si commettono in tuo nome!

I governi che sopprimono la libertà di parola fanno come quei bambini che chiudono gli occhi per non farsi vedere.

- Spiegate il significato generico delle massime.
- Siamo veramente liberi? Esiste, secondo voi, la libertà totale?
- Siamo in grado di apprezzare il valore della libertà? Motivate le vostre risposte. Ne siete mai stati privati in qualche modo? Parlatene.
- La libertà si concede o si conquista? Voi vi sentite completamente liberi? Parlatene.

La lode

Guai a voi quando tutti gli uomini diranno bene di voi.

È un grave segno di mediocrità lodare sempre con moderazione.

Amiamo a volte persino le lodi che non crediamo sincere.

- Spiegate il significato generico delle massime.
- Credete che sia importante lodare le persone e quando in particolare? Parlatene.
- In quali occasioni la lode può avere risultati positivi e in quali no? Motivate le vostre risposte.
- Vi interessa quello che gli altri pensano di voi? Quanto è importante per voi l'approvazione delle vostre azioni? Scambiatevi idee.

Il matrimonio

Il matrimonio è stato spesso paragonato a quelle feste dove chi è fuori vorrebbe entrare, e chi è dentro sarebbe tanto contento di uscire.

La morte stessa non è, per chi vi rifletta, cosa così seria come il matrimonio.

Matrimonio: comunità composta di un padrone, d'una padrona e di due schiavi, il che fa in tutto due persone.

- Spiegate il significato generico delle massime.
- Perché, secondo voi, oggi ci sono meno matrimoni e probabilmente meno felici? Motivate le vostre risposte. Quali potrebbero essere in futuro le conseguenze di tale tendenza?
- Credete che il matrimonio "uccida l'amore"? Se sì, perché?
- Se per tanti il matrimonio è schiavitù perché ci si sposa? Voi vorreste sposarvi e perché?
- Quali credete siano i segreti di un matrimonio felice? Parlatene.

La morale

Rivoltatela come più vi pare, prima viene lo stomaco, poi viene la morale.

La moralità è un lusso privato e costoso.

Per il momento, riguardo alla morale, so soltanto che è morale ciò che mi fa sentir bene, e immorale ciò che mi fa sentir male dopo che l'ho fatto.

- Spiegate il significato generico delle massime.
- Nella società contemporanea ha senso parlare di moralità o è ormai una cosa rara? Motivate le vostre risposte.
- La moralità può essere anche qualcosa di negativo? Se sì, in quali occasioni? Parlatene.
- Qual è il modo migliore per insegnare e trasmettere la moralità?
- Che cosa ritenete immorale nella vita moderna? Scambiatevi idee.

Ricchi e poveri

Le barzellette di un ricco fanno sempre ridere.

Ci sono fortune che gridano "Imbecille!" all'uomo onesto.

Si lamentava un saggio della sua miseria, e era andato in un prato a mangiare erba. Si voltò e vide che un altro mangiava le erbe che lui aveva lasciato indietro.

- Spiegate il significato generico delle massime.
- Credete che la nostra sia una società fatta da e per i ricchi? Scambiatevi idee.
- Cosa significa, secondo voi, essere "ricco" e cosa essere "povero"? Motivate le vostre risposte.
- Credete di apprezzare abbastanza tutto ciò che avete o lo date per scontato? Parlatene.

Ridere

Mi affretto a ridere di tutto, per la paura di essere costretto a piangerne.

Si conosce un uomo dal modo come ride.

Ridi, e il mondo riderà con te; piangi, e piangi da solo.

- Spiegate il significato generico delle massime.
- Qual è l'importanza del riso nella vita moderna? Motivate le vostre risposte.
- Meglio fidarsi di più di chi ride facilmente o di chi ride difficilmente?
- Secondo voi, nel vostro Paese la gente ha il senso dello humour? Parlatene.

Saggezza - esperienza

Saggio è colui che si stupisce di tutto.

È il grande inganno, la saggezza dei vecchi. Non diventano saggi. Diventano attenti.

Esperienza è il nome che ciascuno dà ai propri errori.

- Spiegate il significato generico delle massime.
- Cos'è la saggezza e come si acquisisce?
- Bisogna dare retta alla saggezza altrui o cercare la propria? Scambiatevi idee.
- Che importanza hanno gli errori nella vita? Motivate le vostre risposte.
- Come tutti, anche voi avrete commesso degli errori, magari gravi; quali sono state le conseguenze e quali gli insegnamenti che ne avete tratto? Parlatene.

La speranza

La speranza è un sogno fatto da svegli.

La speranza è buona come prima colazione, ma è una pessima cena.

Chi di speranza vive disperato muore.

- Spiegate il significato generico delle massime.
- È importante essere ottimisti? In quali occasioni potrebbe essere pericoloso, invece? Motivate le vostre risposte.
- L'ottimismo è una qualità che si ha di natura o è possibile acquisirla? Scambiatevi idee.
- Nel corso della vita diventiamo più ottimisti o pessimisti?
- Un obiettivo troppo alto di solito vi scoraggia o vi stimola maggiormente? Parlatene.

La vita

La maggior parte degli uomini spende la prima metà della sua vita a rendere infelice l'altra.

Ci prepariamo sempre a vivere, ma non viviamo mai.

Vivi come desidererai di aver vissuto quando sarai sul letto di morte.

- Spiegate il significato generico delle massime.
- È possibile, secondo voi, vivere l'oggi e non pensare al domani? Voi lo fate o no? Parlatene.
- La vita di per sé è un dono preziosissimo; secondo voi, sappiamo apprezzarne il valore e la bellezza? Perché tante persone non sono mai soddisfatte della propria vita? Scambiatevi idee.
- A scuola e all'università impariamo tantissime cose, ma chi ci insegna a vivere, a godere la vita? È qualcosa che ci viene insegnato o che si impara da soli, secondo voi? Motivate le vostre risposte.

GLOSSARIO

In questo glossario troverete quelle parole del *lessico utile* che abbiamo ritenuto più difficili. Abbiamo cercato di spiegarle nel modo più semplice possibile, dando ogni volta il significato che hanno nel determinato contesto in cui vengono incontrate.

VACANZE E TURISMO

alloggio: luogo dove si può abitare per un periodo di tempo

campeggio: luogo attrezzato dove si può fare le vacanze in tenda

camper: furgone o pulmino attrezzato per essere abitabile

crociera: viaggio per mare a scopo di piacere

dépliant: opuscolo, foglio pieghevole o libretto a poche pagine a carattere informativo o pubblicitario

ferie: periodo di riposo a cui ha diritto il lavoratore

Ferragosto: festa del 15 agosto in onore della Madonna, periodo di vacanza alla metà di agosto

meta: destinazione, luogo

pernottamento: permanenza in un luogo per passare la notte

prenotare: riservare in precedenza qualcosa, un posto in un albergo, su un mezzo di trasporto ecc.

rilassarsi: riposarsi

roulotte: veicolo senza motore trainato da un'automobile, attrezzato come abitazione per campeggi o viaggi

sacco a pelo: copertura a forma di sacco lungo usato per dormire all'aperto

scappare: fuggire

soggiorno: permanenza in un luogo

tenda: ricovero di tessuto, smontabile e trasportabile, per campeggiatori

vacanza studio: gita organizzata che combina vacanze e studi

vacanze "single": quando si va in vacanza da soli, senza il proprio partner

villaggio turistico: complesso di abitazioni, casette o bungalows, attrezzato per turisti

GENITORI E FIGLI

adolescente: giovane, ragazzo

adulto: grande, maggiorenne

all'antica: secondo le vecchie tradizioni

allevare: crescere ed educare

atteggiamento: comportamento

autonomia: indipendenza

autoritario/a: severo, tirannico

coccolare: trattare qualcuno con particolare cura e attenzione

dialogare: discutere, parlare

disciplina: ubbidienza

disubbidiente: che non obbedisce, indisciplinato, ribelle

genitori retrogradi: che sono attaccati al passato, conservatori

imporre un divieto: proibire, vietare

iperprotettivo/a: chi tende a proteggere in modo esagerato

maleducato: chi mostra una cattiva educazione

maltrattare: comportarsi male verso qualcuno, con durezza o violenza

minorenne: che ha meno di 18 anni

obbedire: seguire una regola o un comando

permissivo/a: tollerante, che lascia molta libertà

picchiare: colpire violentemente, battere qualcuno con le mani o con un oggetto

punizione: pena, castigo

rapporto: relazione

responsabilizzare: rendere qualcuno responsabile

ribelle: rivoluzionario, indisciplinato

rimproverare: sgridare, disapprovare una persona o un comportamento

rimprovero: disapprovazione

severo/a: austero, duro

trasgredire: eccedere i limiti, violare, disobbedire

ubbidiente: che obbedisce, che è rispettoso dei superiori

vietare: proibire

viziare: coccolare

LAVORO

a tempo pieno: orario che corrisponde a un'intera giornata lavorativa

annunci economici: brevi avvisi pubblicati sui giornali per acquisti o vendite, offerte o richieste di lavoro ecc.

arrangiarsi: cavarsela, riuscire a risolvere da soli i propri problemi

colloquio: il primo incontro tra il responsabile di un'azienda e chi desidera essere assunto

concorso pubblico: concorso che bandisce lo stato per coprire posti specifici

curriculum vitae: i dati personali di una persona relativi alla sua formazione educativa e attività professionale

datore di lavoro: padrone, imprenditore

dipendente: impiegato

disoccupato: chi è senza lavoro

domanda di lavoro: richiesta per trovare un lavoro

essere assunto / licenziato: trovare lavoro / essere mandato via dal posto di lavoro

extracomunitario: chi proviene da un Paese che non appartiene alla CEE

fabbrica: industria

formazione professionale: tutti i vari stadi per migliorare le competenze professionali

immigrato: chi si è trasferito e stabilito in un Paese straniero

imprenditore: proprietario di un'impresa/ditta

manodopera: l'insieme degli operai

mestiere: professione, lavoro

mettersi in proprio: creare la propria impresa

occupazione: lavoro, impiego

part time: con orario ridotto

pendolare: chi si sposta quotidianamente da un luogo ad un altro per motivi di lavoro o di studio

protesta: opposizione, reazione, reclamo, manifestazione

recessione: crisi economica

requisito: qualità necessaria o richiesta per un determinato scopo

retribuzione: stipendio

scioperare: rifiutare di lavorare a scopo di protesta

sciopero: astensione dal lavoro per la difesa dei propri interessi

sussidio: contributo, sostegno economico

tasso di disoccupazione: percentuale che misura il numero dei disoccupati

telelavoro: lavoro che si può svolgere a distanza

ufficio di collocamento: organismo che procura lavoro ai disoccupati

TEMPI MODERNI

apparecchio sofisticato: apparecchio tecnologicamente molto avanzato

bolletta: nota di spese per la corrente, l'acqua e il telefono

cellulare: telefonino

connessione: collegamento

consumismo: tendenza a consumare, a comprare sempre di più

dare fastidio: disturbare, molestare

dipendenza: il non poter fare a meno di qualcosa o qualcuno

elettrodomestici: apparecchi elettrici di uso domestico

era: epoca

esibizionismo: tendenza a mettersi in mostra, a essere oggetto dell'attenzione

fantascienza: genere narrativo o cinematografico con elementi scientifici e immaginari

invadente: indiscreto, che si intromette nella vita degli altri

invadenza: indiscrezione, l'essere invadente

invenzione: scoperta e creazione di qualcosa mai pensato prima

maggiordomo: capo della servitù e dell'amministrazione di case signorili o alberghi

privacy: vita privata, personale e familiare, intimità

squillare: suonare

squillo: breve suono o segnale acustico

sviluppo: progresso

virtuale: simulato, ricostruito al computer e che appare come se fosse reale

SCUOLA

ammissione: accettazione, entrata

analfabeta: che non sa né leggere né scrivere

compito: esercizio scritto assegnato agli alunni

diplomarsi: ottenere il diploma della scuola media superiore

disciplina: materia di studio o d'insegnamento

educare: insegnare, istruire

esami di maturità: esami per ottenere il diploma statale di scuola media superiore

essere bocciato: non riuscire a superare la classe o un esame

essere promosso: essere ammesso ad una classe superiore, superare un esame, ottenere un avanzamento di carriera

formarsi: prepararsi culturalmente e professionalmente

formazione: educazione, acquisizione graduale di conoscenze

istituto tecnico: scuola ad indirizzo tecnico

istruzione: insegnamento scolastico, formazione educativa

maestro: insegnante di scuola elementare

pagella: scheda di valutazione degli alunni

scolaro: alunno, allievo

scuola dell'obbligo: quella che ogni cittadino italiano è obbligato per legge a frequentare (elementare e media)

scuola materna: istituto pedagogico prescolastico per bambini dai 3 ai 6 anni, detto anche asilo nido

SPORT E TEPPISMO

allenarsi: esercitarsi, prepararsi fisicamente per uno sport

arbitro: ufficiale di gara che dirige le competizioni sportive

assalto: attacco, aggressione

benessere: stato di buona salute fisica e psichica

discipline sportive: i vari sport

esercizio fisico: esercizio del corpo, ginnastica

fanatismo: sentimento di eccessivo entusiasmo o ammirazione, caratterizzato da intolleranza e mancanza di obiettività

gli ultra: teppisti

il peso forma: il peso ideale per una persona

in casa / in trasferta: nel proprio stadio / nello stadio degli avversari

mantenersi in forma: restare in buona condizione fisica

palestra: locale chiuso per fare ginnastica

reprimere: frenare, controllare

sasso: pietra

teppismo: comportamento vandalistico e violento

teppisti: tifosi violenti, hooligans

tifare per una squadra: sostenere con entusiasmo una squadra sportiva

tifoso: sostenitore di una squadra

vita sedentaria: con poco o nessun movimento fisico

TELEVISIONE E PUBBLICITÀ

antenna parabolica: antenna per le trasmissioni satellitari

audience: il pubblico che segue un programma radiotelevisivo

avvento: arrivo, venuta

decoder: strumento che decodifica i segnali televisivi

diffusione: l'espandersi sempre di più

emarginato: che non è inserito, non è integrato in una comunità

frustrazione: insoddisfazione, delusione

imbambolamento: il diventare come una bambola, stordito, intontito

indice di ascolto: la percentuale di persone che seguono un programma radiofonico o televisivo

obiettivo/a: chi esprime un giudizio neutro basato su fatti, imparziale

pay tv: tv a pagamento

promozione: propaganda, pubblicità

reclamizzare: pubblicizzare

satellitare: che riguarda un sistema di comunicazione tramite i satelliti

spot pubblicitario: breve pubblicità alla radio o alla televisione

teledipendente: chi guarda la televisione in modo eccessivo

via etere: per mezzo di onde elettromagnetiche

via satellite: riferito a telecomunicazioni che avvengono tramite satelliti artificiali

ABUSI: FUMO E ALCOL

alcolismo: abuso di alcol e dipendenza da esso

alcolista: alcolizzato / dipendente dall'alcol

analcolici: bevande senza alcol

assuefazione: dipendenza dell'organismo da determinate sostanze

astemio: chi non beve alcolici

bevande superalcoliche: bevanda che contiene molto alcol

divieto: proibizione

eccedere: esagerare, superare i limiti

fare abuso di / abusare di: fare uso eccessivo di qualcosa

fumatore passivo: chi non è fumatore ma respira il fumo delle sigarette degli altri

gradazione alcolica: percentuale di alcol presente nelle bevande alcoliche

nocivo: dannoso, pericoloso per la salute

norma: regola

nuocere: fare del male

provocare: causare

sobrio: che beve in modo moderato

ubriacarsi: bere in modo eccessivo

vizio: cattiva abitudine

RAZZISMO E IMMIGRAZIONE

"vu' cumprà": immigrati di colore che vendono la loro merce per le strade o sulle spiagge

accoglienza: ospitalità, ricevimento

antisemitismo: ostilità, odio contro gli ebrei

asilo politico: accoglienza da uno Stato di uno straniero fuggito dalla sua patria per motivi politici

atteggiamento: comportamento

clandestino: segreto, nascosto, illecito, illegale

contrabbando: importazione o esportazione e vendita di merci illecitamente, senza pagare le tasse

di colore: persona con pelle scura

discriminazione razziale: il distinguere certe persone da altre in base alla razza

emarginazione: esclusione, il rimanere fuori da un gruppo

extracomunitario: chi proviene da un Paese che non appartiene alla CEE

flusso immigratorio: spostamento continuo di immigrati verso un luogo

immigrato: chi si stabilisce in un altro Paese per trovare lavoro

integrazione razziale: fusione / unione fra diversi gruppi etnici e razziali

intolleranza: atteggiamento di rifiuto e di condanna verso comportamenti e idee diversi dai propri

lavoro nero: lavoro illegale senza contratto

minoranza etnica: gruppo di persone di lingua, religione, razza, cultura comuni che vivono in un altro Stato

multirazziale: multietnico

nazionalismo: ideologia che esalta il concetto della nazione

naziskin: neonazista degli skinheads

neonazista: sostenitore dell'ideologia politica del neonazismo

permesso di soggiorno: autorizzazione agli stranieri di permanenza temporanea in un luogo

pregiudizio: giudizio basato su opinioni o credenze errate

profugo: chi è costretto a lasciare la propria patria e a cercare un rifugio altrove, spesso a causa di guerre

rimpatriare: tornare in patria / far tornare qualcuno in patria

sbarco: discesa di passeggeri da una nave

tolleranza: comprensione e rispetto di idee e comportamenti diversi dai propri

xenofobia: forte ostilità verso gli stranieri

ARTE E PATRIMONIO ARTISTICO

beni culturali: opere artistiche, storiche o scientifiche considerate patrimonio di un paese e perciò protette dallo Stato

capolavoro: la migliore opera di un artista

corrente: movimento, tendenza culturale

custode: guardiano, sorvegliante

dipinto: quadro

furto: l'atto del rubare qualcosa

galleria: pinacoteca, edificio o sala che ospita opere d'arte

graffito: disegno o scrittura su muri, pietre ecc.

imbrattare: macchiare, sporcare

imbrattatore: chi sporca, rovina un luogo

monumento: opera di importanza artistica e storica

mostra: esposizione

patrimonio: eredità culturale e artistica

salvaguardare: tutelare, conservare, custodire

scritta: scrittura, iscrizione

slogan: motto, frase o battuta usata di solito nella propaganda o nella pubblicità

statua: opera di scultura

vandalismo: comportamento violento di chi si diverte a distruggere

vandalo: persona violenta che rovina o distrugge

VOLONTARIATO E SOLIDARIETÀ

altruismo: disponibilità ad aiutare gli altri

assistenza: aiuto, sostegno

associazione non-profit: che non ha scopo di guadagno

barbone: persona povera che vive per strada

beneficenza: assistenza, carità

carrozzella: poltroncina per invalidi che si muove a mano o a motore

contribuire: offrire la propria cooperazione, aiuto

disabile: portatore di handicap, persona priva di determinate capacità fisiche o mentali

disponibilità: condizione della persona o dell'oggetto che può essere utilizzato

donazione: offerta

generosità: magnanimità, disponibilità a dare, ad offrire apertamente

generoso: magnanimo, disposto sempre ad aiutare ed a dare in abbondanza

giochi paraolimpici: gare sportive speciali per i disabili

impegnarsi in: occuparsi di

impegno sociale: l'occuparsi dei vari problemi della società

indifferente: che non s'interessa, che non dà importanza

indifferenza: mancanza di interesse, insensibilità

ospizio: casa che accoglie persone anziane bisognose di assistenza

previdenza sociale: istituzione che assicura ai cittadini assistenza in caso di malattia, disoccupazione ecc.

prossimo: gli altri in genere

sensibilità: delicatezza, emotività

senza fini di lucro: senza scopo di guadagno

solidarietà: fratellanza, rapporto di reciproca assistenza tra varie persone

sostenere: aiutare, appoggiare

volontario: persona che offre il suo lavoro o aiuto senza essere pagato

CONSUMISMO

benessere: buona condizione economica, prosperità

carta di credito: carta rilasciata da una banca che permette di effettuare pagamenti senza l'uso di contanti

centro commerciale: complesso di diversi negozi in un edificio

comfort: comodità

commercio elettronico: il comprare e vendere via Internet

elettrodomestici: apparecchi elettrici di uso domestico

fare acquisti: fare spese, fare shopping

fare la spesa: comprare alimenti per i pasti

involgliare: rendere desideroso, stimolare, spingere

materialista: chi apprezza e ricerca solo i piaceri e i beni materiali

risparmiare: mettere soldi da parte, spendere in modo prudente

sprecare: spendere troppo e inutilmente

status symbol: simbolo, segno di posizione sociale

tentazione: attrazione verso qualcosa che si desidera

tutela: protezione, difesa

vanità: caratteristica di chi ha una stima molto alta di se stesso

DONNA MODERNA

aggressività: comportamento prepotente e violento

aggressivo/a: prepotente, violento

aspirazione: ambizione, sogno, desiderio

casalinga: donna che si occupa della famiglia e dei lavori domestici

conciliare: combinare, trovare un accordo tra due cose

discriminazione: distinzione, il considerare differente

disoccupazione: mancanza di posti di lavoro

emancipata: liberata, indipendente

essere assunto: ottenere un posto di lavoro

essere licenziato: essere mandato via da un posto di lavoro

femminismo: movimento che difende l'uguaglianza dei diritti tra uomo e donna

gravidanza: stato della donna dal concepimento fino alla nascita di un bambino

mentalità maschilista: il credere e sostenere che l'uomo sia superiore alla donna

molestia sessuale: atto immorale e indecente di carattere erotico o sessuale che provoca fastidio

pari opportunità: opportunità uguali

parità: uguaglianza

pregiudizio: tabù, superstizione

realizzarsi: affermarsi, avere successo

ribellarsi: andare contro un'autorità, opporsi

rimanere incinta: rimanere in stato interessante

rivendicare: pretendere, chiedere, lottare per un diritto

MACCHINE: PRESTIGIO E SICUREZZA

accelerare: aumentare la velocità

andare controsenso: andare in direzione contraria a quella normale

autostrada: strada ampia che collega le varie città

casco: oggetto duro per la protezione della testa

cilindrata: volume totale dei cilindri di un motore

cintura di sicurezza: striscia che protegge il passeggero di un veicolo

curva: linea a forma di arco

di serie: detto di prodotti fatti su scala industriale

eccesso: superamento di un limite o di una misura

esibizionismo: tendenza a mettersi in mostra, a essere oggetto dell'attenzione

frenare: diminuire la velocità

gare automobilistiche: corse di velocità in automobile

investire: colpire con violenza, travolgere/trascinare

lusso: ricchezza, grandiosità

multa: somma che si deve pagare in caso di violazione di una legge

optional: accessorio non incluso in un modello di automobile, fornito su richiesta e pagato extra

pedone: chi va a piedi

potenza: forza e capacità del motore

prestazione: potenza, risultato

prestigio: valore, stima, importanza

prudente: cauto, attento

rettilineo: strada perfettamente diritta

segnaletica stradale: i mezzi di segnalazione relativi alla circolazione stradale

sorpassare: oltrepassare un altro veicolo

urto: collisione, scontro tra veicoli

vettura: macchina, automobile

DIVISMO E PRIVACY

curiosità: indiscrezione, desiderio di conoscere i fatti altrui

curioso/a: indiscreto, che si interessa ai fatti altrui

divismo: considerare e trattare qualcuno come "divo"

divo: personaggio famoso dello spettacolo o dello sport

famoso/a: celebre, illustre

fan: ammiratore

idolo: persona amata e ammirata

imitare: prendere a modello, a esempio

intimità: vita privata

mito: leggenda

notorietà: fama, celebrità

paparazzo: fotoreporter sempre a caccia di foto scandalistiche

pettegolezzo: chiacchiera, commento indiscreto sulla vita privata di qualcuno

stampa: l'insieme di giornali e riviste

suscitare: causare, provocare

violare la privacy: non rispettare la vita privata

BELLEZZA

apparenza: aspetto fisico, aspetto esteriore

aspirante: chi sogna e desidera raggiungere qualcosa o diventare qualcuno

bisturi: strumento chirurgico

concorso: competizione, gara

curare il fisico: prendersi cura del proprio corpo e della propria immagine

cuscinetti di grasso: quantità di grasso che si accumula nel corpo

disposto/a: pronto, volenteroso, disponibile

distinguersi: emergere, farsi notare

estetista: persona specializzata in cure di bellezza

giuria: gruppo di persone che valutano e premiano i partecipanti a gare o concorsi

indecente: immorale, scandaloso, osceno

ingenuità: innocenza

ingenuo/a: persona semplice ed innocente, priva di furbizia

liposuzione: operazione chirurgica per eliminare il grasso

produttore: chi organizza una manifestazione o uno spettacolo

requisito: qualità necessaria o richiesta per un determinato scopo

ruga: linea della pelle, uno dei segni del passare del tempo

soubrette: attrice e ballerina in spettacoli di varietà teatrali o televisivi

sponsor: chi, a scopi pubblicitari, finanzia manifestazioni o spettacoli

truccarsi: usare cosmetici per il maquillage

trucco: maquillage

vanitoso/a: immodesto, frivolo

COMPUTER E INTERNET

assuefazione: dipendenza
cavalcavia: ponte che passa al di sopra di una via
cliccare: premere il pulsante del mouse
collegamento: connessione, contatto
collegarsi: mettersi in connessione, in comunicazione, in contatto
commercio elettronico: il comprare e vendere via Internet
e-mail: posta elettronica, comunicazione e scambio di messaggi via computer
informatica: la scienza dei computer
interattivo/a: che svolge un'azione caratterizzata da reciprocità
mandare in tilt: detto di circuiti elettronici, bloccare, guastare
multimediale: che utilizza più mezzi (immagine, suono, grafici ecc.)
navigare in Internet: collegarsi e cercare qualcosa su Internet
on line: in collegamento continuo
potenza: forza, velocità di un computer, motore ecc.
schermo: superficie di vetro di computer o televisore su cui appaiono le immagini
sito web: pagina elettronica su Internet
tastiera: serie di tasti, di piccoli pulsanti di scrittura o di comando di una macchina da scrivere, di un computer ecc.
telematica: servizio di telecomunicazioni di massa che rende accessibili grandi banche di dati ed informazioni
videogioco: gioco elettronico al computer, video game
virus: programma pirata che può alterare o distruggere un computer

GIOVANI

adolescente: ragazzo, giovane
adolescenza: l'età tra i 12 e i 18 anni
angoscia: ansia, inquietudine, preoccupazione
coetaneo: della stessa età
conformismo: seguire in modo passivo i gusti e le opinioni della maggioranza
disinteresse: indifferenza, mancanza di attenzione e di cura
disoccupazione: mancanza di posti di lavoro
divario generazionale: differenza, dislivello tra la vecchia e la nuova generazione
fregarsene di: non preoccuparsi per nulla di qualcuno o qualcosa
gioventù: i giovani
giovinezza: l'essere giovane, età tra l'adolescenza e la maturità
ideale: aspirazione, sogno
incomprensione: incapacità di capire, di comprendere
interpersonale: che avviene tra due o più persone
linguaggio giovanile: lingua usata dai giovani
maggiorenne: chi ha più di 18 anni
menefreghismo: indifferenza
mentalità: il modo di pensare
minorenne: che non ha ancora 18 anni
ottimismo: tendenza a vedere le cose in maniera positiva
passività: apatia, rassegnazione, indifferenza
pessimismo: tendenza a vedere le cose in maniera negativa
punto di riferimento: ciò che si prende a modello, esempio, come elemento di orientamento
ribellarsi: andare contro un'autorità
ribelle: rivoluzionario, contestatario, indisciplinato
teen-ager: adolescente
tendenza: moda, stile, orientamento, abitudine
valore: qualità considerata eticamente buona

SPAZIO E VITA EXTRATERRESTRE

alieno: extraterrestre
avvistamento: il vedere da lontano qualcosa
captare: ricevere
cosmo: universo
esplorare: cercare per fare delle scoperte
evoluto/a: avanzato, sviluppato, progredito
fantascienza: genere narrativo o cinematografico con elementi scientifici e immaginari
galassia: sistema costituito da miliardi di stelle e corpi celesti
"guerre stellari": titolo di un famoso film di fantascienza di G. Lucas che tratta di una guerra tra le forze del bene e del male nello spazio
in orbita: detto di satelliti naturali od artificiali che ruotano attorno ad un pianeta
lancio: il momento di partenza di una navicella spaziale
missione: incarico, compito da svolgere di solito per motivi scientifici, umanitari, ecc.
navicella spaziale: capsula di un veicolo spaziale che contiene gli strumenti e l'equipaggio
satellite: corpo celeste o anche meccanico che ruota intorno a un pianeta
sistema solare: il sole e i pianeti attorno a esso

AMORE SICURO E NON

abortire: interrompere una gravidanza
aborto terapeutico: aborto praticato quando la gravidanza costituisce un pericolo per la salute della donna
assistenza sanitaria: complesso delle attività che riguardano la sanità offerte da organizzazioni pubbliche o private
chiacchiera: pettegolezzo, commento indiscreto sulla vita privata di qualcuno
clandestino/a: segreto, nascosto e illegale
contraccezione: pratica per evitare di rimanere incinta
convenzionale: usuale, tradizionale
dilemma: dubbio, scelta tra due soluzioni opposte
emorragia: perdita di sangue
gravidanza: condizione biologica della donna quando aspetta un bambino
incinta (essere): aspettare un bambino
interruzione: rottura, sospensione
madre single: madre che vive sola e che non è sposata
metodi anticoncezionali: metodi per evitare una gravidanza
morale: etico
pillola: pillola anticoncezionale, che si prende per evitare una gravidanza
polemica: vivace dibattito, controversia
pregiudizio: tabù
provocare: causare
reato: crimine, delitto
stupro: atto sessuale imposto con la violenza
violentato/a: sottoposto/a a violenza fisica, carnale o morale
volontario/a: voluto, intenzionale

ANORESSIA E BULIMIA

abbuffarsi di cibo: mangiare troppo

anoressia nervosa: mancanza patologica di appetito, rifiuto del cibo per cause psichiche

appetito: desiderio di mangiare

bulimia: eccessivo desiderio di mangiare dovuto a disturbi psichici

digiuno: astensione dal cibo per motivi religiosi, politici o terapeutici

dimagrante: che fa dimagrire

dimagrire: perdere peso

fenomeno dilagante: che si diffonde largamente, che si espande dappertutto

ingrassare: prendere peso

malattia cronica: malattia di lunga durata o permanente

ossessione: mania, fissazione

ricoverare in ospedale: internare qualcuno in ospedale per dargli cura e assistenza

rigoroso/a: rigido, austero

saccheggiare il frigorifero: mangiare tutto quello che c'è in frigorifero

scheletrico/a: estremamente magro

sensi di colpa: rimorsi

vomitare: espellere dalla bocca il contenuto dello stomaco

ANIMALI, QUESTI NEMICI

abbandonare: lasciare qualcuno o qualcosa senza aiuto o protezione

animali domestici: animali che vivono in casa

animali selvatici: animali che crescono e vivono in libertà

caccia: cattura o uccisione di animali selvatici

cacciatore: chi va a caccia

cane randagio: bastardo, cane senza padrone

cavia: piccolo mammifero usato per esperimenti nei laboratori scientifici

corrida: combattimento tradizionale, tipico della Spagna, di un uomo (il torero) contro un toro in un'arena

cosmetici: prodotti di bellezza

essere processato: essere accusato di qualcosa e mandato in tribunale

gabbia: struttura di solito metallica per tenere rinchiusi animali

guinzaglio: lunga striscia di cuoio o altro materiale che si usa per tenere legati cani o altri animali

in via di estinzione: detto di una specie animale o vegetale che sta per scompa-

rire

pelle: membrana esteriore del corpo umano o animale, epidermide

pelliccia: indumento o accessorio prodotto dalla pelle di alcuni animali

specie: gruppo, categoria di animali con caratteristiche simili

torero: persona che combatte con un toro nell'arena durante una corrida

torturare: tormentare, fare soffrire fisicamente o psichicamente

vivisezione: sperimentazione chirurgica su animali vivi

zoo: parco in cui vivono animali di tutte le specie

zoofilo: chi ama e protegge gli animali

SALUTE

abuso: uso eccessivo con risultati e conseguenze dannosi

agopuntura: pratica terapeutica cinese basata sull'uso di aghi

alimentazione: nutrizione

analgesico: medicinale che riduce o fa smettere il dolore

ansiolitici: tranquillanti, medicinali che calmano i nervi ed eliminano l'ansia o l'angoscia

antibiotico: medicinale che uccide i microbi che causano malattie

bustarella: soldi dati (in una busta) di nascosto a impiegati dello stato in cambio di favori

epidemia: malattia contagiosa di larga diffusione

equilibrato/a: bilanciato, misurato, proporzionato

erbe medicinali: piante ed erbe con qualità terapeutiche

infetto: che presenta i sintomi di una infezione

infezione: presenza e moltiplicazione di microbi nell'organismo

intervento chirurgico: operazione

medicina alternativa: medicina che segue e pratica metodi terapeutici diversi da quelli della medicina tradizionale

medicinale: farmaco, medicina

omeopatia: metodo terapeutico

paziente: malato

prescrivere: assegnare medicinali o cure a scopo terapeutico

prescrizione: ricetta medica, ciò (farmaci ecc.) che il medico consiglia al paziente come terapia

prevenzione: l'insieme delle misure prese per proteggersi da una malattia

pronto soccorso: dipartimento di un ospedale dove si prestano le prime e più urgenti cure

prudente: attento, cauto

prudenza: attenzione, saggezza

rimedio: cura, terapia

sala operatoria: sala dove avviene un'operazione

sieropositivo: individuo portatore del virus dell'Aids

virus: parassita che vive e si riproduce nelle cellule e causa malattie

GUERRA E SERVIZIO MILITARE

accademia militare: istituto per la formazione degli ufficiali delle Forze armate

alleanza: lega, accordo politico-militare

alleato: membro di un'alleanza

armamenti: complesso delle armi e dei mezzi di guerra che possiede una nazione

arruolarsi: entrare volontariamente nelle forze armate

caserma: il complesso degli edifici per l'alloggiamento e l'istruzione dei militari

combattere: lottare, scontrarsi

difesa: ogni azione intesa a proteggere da un danno, un pericolo ecc.

divisa: uniforme

eroe: chi dà prova di grande coraggio

eroismo: valore e forza d'animo straordinari

essere chiamato alla leva: essere chiamato a fare il servizio militare

fronte: campo di battaglia, linea di combattimento

guerra civile: guerra tra gruppi di cittadini dello stesso Stato

N.A.T.O.: North Atlantic Treaty Organization

nazionalismo: esaltazione eccessiva della propria patria o della propria nazione

O.N.U.: Organizzazione delle Nazioni Unite

obiettore di coscienza: chi, per motivi ideologici, rifiuta di prestare servizio militare

patria: nazione, paese, terra originaria

profughi di guerra: le persone costrette a lasciare la propria patria e a cercare un rifugio altrove a causa di guerre

scoppiare: esplodere, (fig.) iniziare

improvvisamente e violentemente

servizio di leva: il servizio militare obbligatorio

LA TERZA ETÀ

a lungo: per molto tempo

andare in pensione: smettere di lavorare per motivi di età

anziano: vecchio

assistenza medica: servizio di cure sanitarie

depressione: senso di malinconia, di vuoto, mancanza di ogni interesse

energico/a: attivo

età anagrafica: l'età ufficiale

età biologica: l'età dell'organismo

gerontologo: medico specializzato nello studio dei problemi biologici e psicologici propri dell'invecchiamento

isolamento: esclusione da rapporti o contatti con altri.

longevità: durata della vita più lunga rispetto alla media

longevo: che vive molti anni

ospizio: casa di riposo, casa che accoglie persone anziane bisognose di assistenza

pensionato: chi non lavora più per motivi di età

previdenza sociale: istituzione che assicura ai cittadini assistenza in caso di malattia, disoccupazione ecc

rassegnato: che accetta senza reagire, passivo

saggezza: sapienza

solitudine: condizione di chi è solo

ultra centenario: chi ha più di 100 anni

vecchiaia: l'età avanzata dell'uomo

DROGA

assuefatto: dipendente dalla droga

assuefazione: dipendenza

astinenza: astensione volontaria o meno dal consumare certe sostanze

bucarsi: drogarsi usando siringhe

centro di recupero: centro di riabilitazione, di reinserimento nella società di persone con problemi sociali

comunità di accoglienza: luogo che offre ospitalità, cura e sostegno

dibattito: discussione pubblica, disputa

disintossicarsi: eliminare dal proprio organismo sostanze tossiche

eroinomane: tossicodipendente di eroina

"fatto": chi è sotto l'influenza di droghe

legalizzazione: rendere legale una cosa

precedentemente vietata, proibita

liberalizzazione: eliminazione delle limitazioni, del controllo

metadone: sostanza usata per la disintossicazione degli eroinomani

overdose: dose eccessiva di una droga

polemica: vivace dibattito / controversia

proibire: impedire, imporre o ordinare di non fare qualcosa

repressione: controllo, soffocamento

somministrazione: distribuzione

sostanze stupefacenti: sostanze che creano un sentimento di euforia e il cui uso continuato provoca dipendenza

spacciare: vendere illegalmente

spacciatore: trafficante

spaccio (di droga): traffico e vendita di qualcosa di illegale (di droga ecc.)

spinello: sigaretta fatta a mano con hashish o marijuana

tossicodipendente: drogato

tossicomane: tossicodipendente

GIUSTIZIA, CARCERI E PENE

applicare la legge: mettere in atto, far valere una legge

arresti domiciliari: pena alternativa consistente nella "carcerazione" presso la propria abitazione

colpevole: chi è responsabile di un crimine

commettere un reato: fare un crimine

condannato: persona a cui viene imposta una pena per il reato che ha commesso

delinquente: criminale

delitto efferato: crimine molto violento

detenuto: carcerato

ergastolo: pena consistente nella carcerazione a vita

errore giudiziario: sentenza sbagliata che porta alla condanna di un innocente

esecuzione: il momento in cui si effettua la condanna a morte

essere assolto: essere dichiarato innocente

fare appello: ricorrere a un giudice superiore per la riesaminazione di una sentenza

giuria: commissione di persone chiamate a giudicare l'innocenza o la colpevolezza dell'accusato

grazia: perdono, riduzione di una pena

imparziale: neutrale, obiettivo

imparzialità: capacità di valutare le

cose con obiettività e neutralità

infrangere: violare, trasgredire, rompere

iniezione letale: introduzione, con la siringa, di sostanze che portano la morte a un condannato

lavori forzati: pena che obbliga il condannato a svolgere lavori pesanti durante la detenzione

legislazione: il complesso delle leggi di un Paese, sistema legislativo

magistrato: giudice

penitenziario: carcere, prigione, galera

reclusione: carcerazione, permanenza in prigione

risarcimento: riparazione in denaro di un danno materiale o morale

risarcire: compensare in denaro, dare soddisfazione materiale o morale a qualcuno per avergli causato un danno

tribunale: luogo dove viene amministrata la giustizia

verdetto: sentenza

UOMO E AMBIENTE

ambientalista: ecologista

anidride carbonica: gas soffocante proveniente dalle combustioni

associazione: gruppo organizzato di persone con uno scopo comune

biodegradabile: materia che non è inquinante, che si scompone in modo naturale

coscienza: consapevolezza

degrado: peggioramento, declino

disboscamento: taglio di un bosco per rinnovare le piante o per utilizzarne il legno

disperdere: spargere, diffondere, emettere

ecosistema: l'insieme degli esseri viventi (animali, uomini e piante) e dell'ambiente in cui vivono caratterizzato da armonia ed equilibrio

effetto serra: aumento diffuso della temperatura, poiché il calore viene trattenuto da un'anomala concentrazione di anidride carbonica nell'atmosfera

energia alternativa: quella che si produce da risorse non tradizionali

energia eolica: quella che si produce dal vento

energia solare: quella che proviene dal sole

gas di scarico: i fumi che escono dai motori

inquinamento acustico: rumore eccessivo che può anche danneggiare l'udito

inquinare: rovinare, danneggiare un ambiente naturale con sostanze nocive

Paesi industrializzati: paesi sviluppati grazie alla loro industria

raccolta differenziata: raccolta di rifiuti separati per materia (alluminio, carta, vetro, ecc.) allo scopo di riciclarli

riciclaggio: processo che rende riutilizzabili prodotti di scarto

risorse idriche: fonti di energia derivanti dalle acque dei fiumi, dei laghi o anche dalla pioggia

risorse naturali: fonti, sorgenti di energia che si trovano in natura

salvaguardare: proteggere

smog: massa di nebbia, fumi e altre sostanze che inquinano l'atmosfera, presente nelle grandi città

MATRIMONIO SÌ, MATRIMONIO NO

alimenti: somma di denaro dovuta per legge al coniuge separato

assegno di mantenimento: somma di denaro data come assistenza materiale al coniuge separato

coniuge: il marito o la moglie

convivente: chi coabita senza essere sposato (per una coppia)

convivenza: coabitazione di una coppia non sposata

divorziare: porre fine legalmente al matrimonio

divorzio consensuale: di comune accordo

egoismo: individualismo

in calo: in diminuzione

incompatibilità: profonda diversità tra due persone che rende impossibile l'accordo

incomprensione: incapacità di capire, di intendere

incomunicabilità: incapacità di comunicare, di intendersi

istituzione: struttura sociale

litigare: avere un violento contrasto, di solito verbale, con un'altra persona

litigio: lite, scontro verbale, disputa

matrimonio civile: in municipio

matrimonio religioso: in chiesa

mettere su famiglia: sposarsi, creare una famiglia

nucleo familiare: la famiglia

partner: compagno

proprietà: tutto ciò che appartiene a una persona

relazione extraconiugale: che avviene fuori del matrimonio

routine: l'insieme delle cose quotidiane che portano noia e monotonia

separarsi: smettere di stare insieme

tradimento: disonestà, slealtà

MINORI A RISCHIO

denunciare: informare un'autorità di un reato

(essere) nel mirino: essere particolarmente sorvegliato, controllato

incatenato: legato con catene, imprigionato, incarcerato

infanzia: i primi anni della vita umana

lavoro infantile: lavoro illecitamente svolto da bambini

malavita: criminalità, delinquenza

minacciare: spaventare qualcuno promettendogli qualcosa di male

molestia: atto o atteggiamento che provoca fastidio, disturbo o danno

orfano: bambino o ragazzo senza madre o/e padre

orfanotrofio: istituto per gli orfani

pedofilia: attrazione erotica per i bambini

pedofilo: chi prova attrazione erotica per i bambini

perversione: comportamento lontano dalle norme sociali, morali e sessuali

perverso: degenerato, innaturale, vizioso

piaga: problema sociale grave e diffuso

picchiare: colpire violentemente, battere qualcuno con le mani o con un oggetto

prigioniero: chi è privato della propria libertà

rapimento: sequestro

rapire: sequestrare, portare via qualcuno con la violenza

schiavo: persona che ha perso la libertà

sfruttamento: l'approfittare di altre persone per il proprio utile

RELIGIONE E IDEOLOGIE

astrologo: chi prevede il futuro basandosi sugli astri

ateo: chi nega l'esistenza di Dio

battesimo: il primo sacramento cristiano consistente in un'immersione in acqua o nel versamento di acqua benedetta sulla testa

chiaroveggenza: capacità di prevedere e predire il futuro

chiromante: chi prevede il futuro leggendo la mano

confessione: atto con cui il fedele rivela al sacerdote i propri peccati

credente: chi ha fede in una religione

medium: persona che ha poteri paranormali

messa: cerimonia religiosa della chiesa

paranormale: metafisico, non spiegabile con le conoscenze scientifiche tradizionali

parapsicologia: disciplina che studia fenomeni non spiegabili con le conoscenze scientifiche

Pontefice: il Papa

praticante: chi segue regole e norme religiose

pregare: rivolgersi a Dio per chiedere il Suo aiuto

preghiera: pensiero rivolto a Dio

religioso: chi rispetta e segue la religione

sacerdote: prete

superstizione: credenza irrazionale, di solito basata sulla paura e l'ignoranza

veggente: persona con capacità di indovinare, di prevedere il futuro

vescovo: titolo e grado della gerarchia della Chiesa cattolica

IL CALO DELLE NASCITE

aborto: interruzione volontaria o meno della gravidanza

allattare: nutrire il neonato con il proprio latte

asilo nido: istituto pedagogico prescolastico

cicogna: l'uccello che "porta i neonati"

contraccezione: pratica per evitare di rimanere incinta

decremento demografico: diminuzione della popolazione

deformazione fisica: alterazione, imperfezione dell'aspetto

denatalità: diminuzione delle nascite

gravidanza: condizione biologica della donna quando aspetta un bambino

in aumento: in crescita

in stato interessante: incinta

maternità: la condizione di essere madre

natalità: il numero delle nascite come elemento statistico

partorire: dare alla luce un figlio

produttività: capacità di produrre

rimpianto: ricordo nostalgico e doloroso di qualcosa o qualcuno

riproduzione: processo con il quale gli esseri viventi generano altri individui della stessa specie, procreazione

soglia minima: il punto più basso

tasso di nascite: percentuale che misura la variazione nel numero delle nascite

SESSO E MORALITÀ

corteggiamento: comportamento con cui si esprime il desiderio amoroso per qualcuno

maschilismo: atteggiamento per cui l'uomo si considera superiore alla donna

molestatore: chi disturba, infastidisce con insistenza

moralità: etica, le regole basate sull' onestà e sulla giustizia

peccato: colpa, errore in senso religioso

predatore: rapinatore, cacciatore

prostituzione: vendere il proprio corpo per denaro

provocare: comportarsi in modo tale da attirare o eccitare interesse erotico

provocante: sensuale, eccitante

pudore: vergogna, imbarazzo

puritanesimo: moralismo eccessivo

puritano: persona conservatrice con eccessivo moralismo

sensi di colpa: rimorsi, il sentirsi male per aver commesso un errore

molestia sessuale: atteggiamento o atto immorale e indecente di carattere erotico o sessuale che provoca fastidio

prendere la rivincita: vendicarsi, rifarsi

indecente: immorale, scandaloso, osceno

sfruttatore: chi sfrutta gli altri, privo di scrupoli

stupratore: violentatore, chi commette uno stupro

stupro: atto sessuale imposto con la violenza

tabù: proibizione

violentare: sottoporre qualcuno a violenza fisica o morale

GIOCHI E SCOMMESSE

casinò: casa da gioco

combinazione: sintesi, serie di numeri

destino: fato, sorte

estrazione: sorteggio, estrazione a sorte

giocata: somma di denaro che il giocatore rischia in un gioco d'azzardo

giochi d'azzardo: giochi di fortuna

il gratta e vinci: gioco consistente nel grattare una piccola scheda e scoprire l'eventuale premio

il montepremi: somma totale che viene ripartita tra tutti i vincitori di un gioco (totocalcio, lotteria, ecc.)

indovinare: prevedere, pronosticare

miliardario: persona molto ricca

polizza d'assicurazione: contratto di assicurazione

premio: ricompensa destinata a chi ha vinto un concorso

probabilità: eventualità, possibilità

puntare: scommettere una somma di denaro in un gioco d'azzardo

ricevitoria: piccolo negozio dove si accettano i giochi di fortuna

schedina: modulo che si compila con le previsioni dei risultati di gare sportive e giochi (totocalcio, lotto, ecc.)

smorfia: il libro dei sogni che si consulta per giocare i numeri al lotto, in cui ogni immagine di un sogno è collegata a un numero dall'1 al 90

superenalotto: versione del lotto con guadagni ancora maggiori

superstizioso: chi ha credenze irrazionali basate sull'ignoranza o la paura

tentare la sorte: affidarsi alla fortuna

totocalcio: gioco basato sui risultati delle partite di calcio del campionato italiano

vincita: premio o somma di denaro che si vince ad un gioco

VITA STRESSANTE

aggressività: comportamento prepotente e violento

ansiolitici: farmaci per combattere l'ansia, lo stress

aspettativa: speranza, previsione

attacco di ansia: crisi improvvisa di angoscia

competitività: spirito di rivalità, di competizione, di antagonismo

depresso: triste, scoraggiato

disturbi psicosomatici: che riguardano contemporaneamente la mente, l'anima e il corpo

esaurimento: grandissima stanchezza, debolezza psichica o fisica

frustrazione: delusione, tristezza quando non si realizza ciò che si aspettava

inadeguatezza: insufficienza

inferiorità: il sentirsi di minor valore e importanza rispetto ad altri

insonnia: disturbo caratterizzato dalla difficoltà o impossibilità di dormire

nervosismo: irrequietezza, tensione

prestazione: l'opera fornita da una persona in un'attività

rilassarsi: riposarsi, calmarsi

ritmi frenetici: ritmi velocissimi

sfida: invito a misurarsi in una competizione

sfogarsi: manifestarsi liberamente, scaricarsi

solitudine: condizione o sentimento triste di chi è o si sente solo

staccare la spina: (fig.) interrompere un'attività per la fatica o lo stress

tranquillante: farmaco per curare lo stato ansioso

TERZO MONDO

alimento: cibo

aridità: siccità, mancanza di piogge e di umidità

arretratezza: condizione di minore sviluppo socioeconomico e culturale

azione umanitaria: attività filantropica svolta a favore di persone bisognose

boom demografico: rapida crescita della popolazione

carenza: mancanza, assenza, insufficienza

carestia: estrema mancanza, scarsità di alimenti

carità: generosità, beneficenza

disidratazione: eccessiva perdita d'acqua dall'organismo

disparità: disuguaglianza, differenza

emigrazione: spostamento da un Paese ad un altro in cerca di lavoro

epidemia: malattia contagiosa di larga diffusione

incremento: aumento, crescita

metodi anticoncezionali: metodi per evitare di rimanere incinta

mortalità: il numero delle morti come dato statistico

Paesi in via di sviluppo: paesi nei quali sono in crescita le strutture produttive, l'industria ecc.

risorsa: mezzo che si usa in caso di difficoltà o di necessità, fonte di energia e di forza

scheletrico: estremamente magro

schiavitù: condizione di chi è schiavo, privo di libertà e di diritti

solidarietà: rapporto di reciproca stima e assistenza tra varie persone

sottosviluppo: situazione di basso

sviluppo in vari settori di un Paese
sovrappopolazione: numero eccessivo di abitanti in un determinato territorio
tasso: percentuale che misura la variazione di una grandezza
vaccinazione: pratica terapeutica intesa a proteggere l'organismo da malattie infettive
volontariato: attività volontaria svolta da alcuni cittadini a favore dei malati, dei bisognosi ecc.

GENITORI A TUTTI I COSTI

adottare: accettare presso la propria famiglia come figlio un bambino nato da altri genitori, attraverso atti legali
adozione: complesso degli atti legali grazie al quale un bambino abbandonato dai suoi genitori naturali può diventare figlio legittimo di altri genitori
affidare: lasciare con fiducia qualcuno o qualcosa alla cura di altri
artificiale: non naturale
assistito: che riceve cura e aiuto
bioetica: disciplina che si occupa dei problemi morali riguardanti il campo della genetica
biotecnologia: scienza che fa uso della tecnologia avanzata sui processi biologici
concepire: accogliere dentro di sé e sviluppare dopo la fecondazione una nuova creatura vivente
coppia di fatto: coppia non sposata che convive·
discriminazione: distinzione, il considerare qualcuno differente, non uguale
embrione: organismo nei suoi primi stadi di sviluppo prima della nascita
farsi ingravidare: rimanere incinta (ricorrendo alla fecondazione artificiale)
fecondazione assistita: processo artificiale di riproduzione con l'aiuto della scienza
figlio adottivo: il bambino che è stato adottato e riconosciuto come figlio legittimo
idoneità: possesso delle qualità adatte per fare qualcosa
idoneo: adatto, appropriato, abile, capace
in vitro / in provetta: in un tubo di vetro in laboratorio
inseminazione artificiale: introduzione artificiale del seme maschile negli organi genitali femminili
moralità: etica, le regole basate sull'

onestà e sulla giustizia
ovulo: cellula riproduttrice femminile, uovo
requisito: qualità necessaria o richiesta per un determinato scopo
seme: sperma
sterile: non fecondo, incapace di riprodursi
sterilità: incapacità di fecondare per il maschio o di concepire per la femmina
vietare: proibire

PICCOLI DELINQUENTI

aggressivo: che tende ad un comportamento violento
aprire il fuoco: sparare
assalto: attacco
bullismo: prepotenza, tendenza a imporsi agli altri con la forza
bullo: prepotente
cartoni animati: film per bambini in cui si riproducono disegni in sequenza
fucile: arma da fuoco portatile
gang: banda, gruppo organizzato di delinquenti
insultare: offendere
minore: che non ha ancora raggiunto l'età dei 18 anni, minorenne
strage: massacro
taglieggiare: imporre un pagamento
terrorizzare: spaventare
vandalismo: comportamento violento di chi si diverte a distruggere
violenza verbale: violenza esercitata con parole

IN GUERRA CON LA NATURA

abuso edilizio: costruzione illegale di edifici senza rispettare l'ambiente naturale
alluvione: inondazione, eccesso di acque dovuto a forti piogge
antisismico: costruito in modo da resistere ai terremoti
appiccare fuoco: mettere fuoco
assorbire: (fig.) bere, inghiottire
calamità: catastrofe, disastro
catastrofe: disastro
cementificazione: costruzione indiscriminata di case ed edifici
cemento: polvere grigia che, unita ad acqua, si usa nelle costruzioni
cenere: polvere grigia, residuo di legna bruciata
crollo: caduta violenta e improvvisa

diluvio: pioggia che cade con forza e senza pausa
disboscamento: taglio di un bosco per rinnovare le piante o per utilizzarne il legno
doloso: commesso con la volontà di fare danno o di ingannare
epicentro: centro, punto da cui qualcosa si manifesta e si espande
eruzione: scoppio e uscita di lava, ceneri e fumo da un vulcano
ettaro: superficie di 10.000 metri quadrati
evacuare: svuotare, abbandonare un luogo dopo le indicazioni di un'autorità
evacuazione: abbandono di un luogo dalle persone che vi stanno
fango: terra o polvere mista ad acqua
frana: distacco di terra o di rocce da un terreno solido, crollo
i senza tetto: chi non ha più casa
incendio: grande fuoco
lava: massa fluida che esce da vulcani
piena: fase di massimo aumento di un corso d'acqua
piromane: chi mette volontariamente fuoco
provvedimento: misura
scossa sismica: movimento, spostamento violento della terra, terremoto
soccorso: aiuto, assistenza
speculazione edilizia: operazione intesa a ottenere il massimo guadagno sfruttando le costruzioni
stato di emergenza: situazione critica, di grave pericolo
suolo: terreno
terremoto: movimento o vibrazione improvvisa della terra
uragano: ciclone, vento di fortissima intensità
valanga: grande massa di neve o di fango che si distacca e cade da un monte, da un colle
vigile del fuoco: pompiere
vittima: chi muore o subisce grave danno a causa di un incidente

DENARO E ECONOMIA

azione: quota minima del capitale di una società, un'impresa ecc.
azionista: proprietario di azioni di una società
Borsa Valori: istituzione controllata dallo Stato dove si trattano titoli e azioni di varie imprese, monete ecc., *Piazza*

Affari

capitale: somma di denaro di cui si può disporre

concorrenza: competizione

evasione fiscale: la denuncia di redditi più bassi di quelli reali

fisco: l'amministrazione finanziaria dello stato

fondo: disponibilità di denaro od altri beni, (al pl.) capitale liquido di cui si può disporre

fusione: unione

globalizzazione: integrazione e dipendenza tra di loro delle economie e dei mercati di tutti i Paesi del mondo

guadagno: profitto

inflazione: processo dell'aumento dei prezzi che determina il costo della vita

investimento ad alto rendimento: quello che porta grande guadagno

investire: usare una somma di denaro in attività o acquisti in modo tale da farla aumentare

investitore: chi usa un capitale / una somma di denaro in un certo modo per farlo aumentare

Piazza Affari: v. *Borsa Valori*

prestito: somma di denaro che si prende e che ci si deve restituire dopo qualche tempo (da una persona, una banca ecc.)

privatizzazione: rendere qualcosa privato, di solito imprese statali

ripresa: miglioramento

risparmiare: mettere soldi da parte, spendere in modo prudente

risparmiatore: chi spende in modo prudente e riesce a mettere soldi da parte

tasso di interesse: l'interesse prodotto da un capitale espresso in percentuale

trovarsi nella bufera: (fig.) trovarsi in una situazione molto difficile

vantarsi: gloriarsi con orgoglio per meriti reali o presunti

CRIMINALITÀ E VIOLENZA

arrestare: catturare, trattenere

arresto: detenzione, cattura di qualcuno

attentato: atto violento contro la vita di persone o l'integrità di cose

boss mafioso: capo di una famiglia o gruppo di mafiosi

cadavere: il corpo di un morto

criminalità organizzata: gruppi criminali organizzati, come la mafia, la camorra

delinquente: criminale

delinquenza: criminalità

divisa: uniforme

esplosione: scoppio

furto: rapina

ladro: rapinatore

in borghese: vestito con abiti normali, che non porta la divisa

malavita: delinquenza, criminalità

malvivente: delinquente

microcriminalità: quella riferita ai piccoli reati

omertà: legge del silenzio della malavita organizzata

omicidio: assassinio, uccisione

pentito: ex-membro di un gruppo terroristico o mafioso che collabora con la giustizia

rapina a mano armata: fatta con l'uso di armi

reato: crimine, delitto

sequestro di persona: rapimento di una persona

serial killer: assassino che uccide ripetutamente in modo organizzato e maniacale

sparatoria: scambio di spari, di colpi di arma da fuoco

terrorista: chi fa lotta politica con le armi e con la violenza

TRAPIANTO E CLONAZIONE

acefalo: senza testa

acconsentire: essere d'accordo, concordare

assenso: approvazione, consenso, accordo

bioetica: disciplina che riguarda i problemi morali nel campo della genetica

biotecnologia: scienza che fa uso della tecnologia avanzata sui processi biologici

cellula: unità minima degli organismi viventi

clonare: produrre copie identiche di un organismo

clonazione umana: manipolazione embriologica che permette la riproduzione di un clone umano

clone: copia identica di un organismo

defunto: morto

donatore: persona che dona un organo per trapiantarlo su un'altra persona

espiantare: prelevare, prendere

espianto: prelievo di un organo per il trapianto

genetica: branca della biologia che studia la generazione degli organismi e la trasmissione dei caratteri ereditari

macabro: spaventoso, orrido

polmone: ciascuno dei due organi respiratori

problemi etici: che riguardano la morale, il bene e il male

scrupolo: incertezza e inquietudine circa la correttezza di un proprio atto o comportamento

sperimentazione: prova scientifica per verificare determinate caratteristiche

traffico di organi: commercio clandestino di organi

trapiantare: sostituire un organo di una persona con qullo di un donatore

POLITICA

astensione: rinuncia a votare

bustarella: soldi dati (in una busta) di nascosto a impiegati dello stato in cambio di favori

Camera dei Deputati: organo istituzionale dello Stato italiano

campagna elettorale: attività di propaganda svolta prima delle elezioni

candidato: chi si presenta e partecipa a delle elezioni, a un concorso o a un esame

coalizione: alleanza, accordo, unione

corrotto: disonesto

corruzione: l'indurre (un giudice, un politico, ecc.) a venir meno al dovere in cambio di denaro

deputato: membro eletto del parlamento

direttive europee: indirizzo operativo dato dalla U.E.

elettore: chi partecipa alle elezioni votando

fondi europei: il finanziamento conferito ai Paesi della Comunità Europea

immunità: privilegio di esclusione da procedure penali concesso a diplomatici o altri politici

leader: il capo, la guida

legge elettorale: relativa alle elezioni

maggioranza: la maggior parte, la parte più grande, più numerosa di un insieme di persone

minoranza: la parte meno numerosa di un insieme di persone

nepotismo: favoritismo

opposizione: l'insieme dei partiti che non partecipano al governo

Presidente del Consiglio: il capo del

governo

referendum: istituto giuridico con cui il popolo viene chiamato alle urne

scheda bianca: senza alcuna indicazione di voto

Senato: nella Repubblica italiana attuale, uno dei due rami del Parlamento

senatore: membro del senato

sistema elettorale: modo in cui è organizzato il processo delle elezioni e la ripartizione dei voti

sondaggio: indagine, ricerca

tangente: denaro chiesto e pagato illecitamente in cambio di favori

urna: scatola in cui si introducono le schede di una votazione

SPORT, AFFARI E ADRENALINA

a caccia di: in cerca di

agonistico: relativo alle competizioni sportive e all'impegno atletico

anabolizzanti: sostanze, ormai vietate, usate da atleti per ottenere migliori risultati

battere un record / primato: superare un vecchio record e stabilirne un nuovo

bravata: atteggiamento di sfida di fronte ad un pericolo

brivido: forte emozione, eccitazione

caduta libera: sport estremo nel quale ci si butta da un aeroplano

cautela: prudenza, precauzione

clandestino: segreto, nascosto e illegale

dilettante: chi si dedica a uno sport per divertimento

diritti televisivi: i diritti di trasmettere un evento sportivo o altro

ebbrezza: sensazione intensa, emozione forte

esibirsi: fare qualcosa per impressionare

imprenditore: uomo d'affari

patito: appassionato

primato: il risultato migliore, record

professionismo: esercizio di un'attività come professione; il comportarsi da professionista

professionista: chi pratica un'attività come vera e propria professione

scommessa: il puntare soldi con la speranza di guadagnarne di più

scudetto: campionato

sfida: provocazione, competizione, gara

sfidare: invitare qualcuno a misurarsi in una gara, in una competizione

speculazione economica: operazione intesa a ottenere il massimo guadagno

sponsor: persona o azienda che finanzia una squadra, un atleta o un'attività sportiva

sponsorizzare: finanziare

sponsorizzazione: finanziamento

sport estremi: sport ai limiti delle possibilità e del coraggio dell'uomo

tifoso: sostenitore di una squadra

ALIMENTAZIONE E BIOTECNOLOGIA

alimentazione: nutrizione

dieta mediterranea: alimentazione ricca di verdura, frutta, pesce, olio di oliva e pane

diossina: pericolosa sostanza chimica

equilibrato/a: bilanciato, misurato, proporzionato

erbicidi: farmaci usati per distruggere le erbe selvatiche

gene: unità fondamentale del sistema genetico

genetica: scienza che studia la generazione degli organismi e la trasmissione dei caratteri ereditari

grassi: sostanze con molte calorie

ingegneria genetica: in biologia, l'insieme delle metodiche con cui si giunge alla produzione o modificazione dei geni

integratore alimentare: prodotto usato come complemento nutritivo

laboratorio: locale attrezzato per ricerche scientifiche

manipolato: modificato, alterato

nutritivo: che fornisce sostanze necessarie, / ricco di vitamine, proteine ecc.

nutrizione: ciò che si mangia e la sua utilizzazione dall'organismo

sistema immunitario: attività di difesa dell'organismo contro le malattie, i microbi ecc.

transgenico: che proviene dall'unione o combinazione di geni diversi

trasparenza: chiarezza, onestà

tutela: protezione, difesa

vegetariano: chi abitualmente non mangia carne

verdura: alimenti vegetali

Nuovo Progetto italiano 2

Corso multimediale di lingua e civiltà italiana

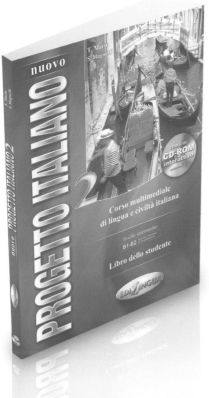

Nuovo Progetto italiano 2 è il secondo di tre livelli di un moderno corso multimediale di italiano. Si rivolge a studenti adolescenti e adulti di livello elementare (B1-B2 del Quadro Comune Europeo di Riferimento per le Lingue).

CARATTERISTICHE:

- equilibrio tra elementi comunicativi e grammaticali, presentati in modo induttivo e sintetizzati in schede di facile comprensione e consultazione;
- attività di prelettura e preascolto per accrescere la motivazione degli studenti e introdurre l'argomento di ogni unità;
- uso di una lingua moderna attraverso situazioni e dialoghi originali e piacevoli;
- lavoro sistematico sulle 4 abilità linguistiche;
- attività comunicative e varie tecniche didattiche che motivano e facilitano l'apprendimento;
- largo uso di materiale autentico scritto e orale: articoli, brani letterari, interviste e così via;
- esercitazioni di autovalutazione alla fine di ogni unità per permettere allo studente di verificare i suoi progressi e sistematizzare le sue conoscenze;
- presentazione di vari aspetti della società e della cultura dell'Italia;
- revisione sistematica degli elementi comunicativi, lessicali e grammaticali;
- tipologie simili alle prove d'esame delle certificazioni Cils, Celi e Plida;
- coerenza del lessico tra il *Libro dello studente* e il *Quaderno degli esercizi*;
- impostazione grafica moderna, chiara e accattivante;
- facile nell'uso, adatto per studenti di varie nazionalità.

Nuovo Progetto italiano 2 si compone di:

Libro dello studente, articolato in 11 unità

Quaderno degli esercizi, con attività scritte, cruciverba, prove d'ascolto, test finale al termine di ogni unità e test di ricapitolazione ogni 3 unità. Il volume è completato dalle **Attività video** e dai giochi didattici

CD-ROM interattivo (versione 2.0 compatibile con Windows e Mac), allegato al *Libro dello studente*, con tanto materiale supplementare per uno studio attivo e piacevole

Guida per l'insegnante (disponibile anche online), con preziosi consigli e suggerimenti sull'uso del libro, le soluzioni degli esercizi e materiale fotocopiabile

2 Cd audio, allegati al *Quaderno degli esercizi*, con i dialoghi delle unità e i testi per la comprensione orale

Nuovo Progetto italiano Video 2, con filmati originali, interviste autentiche e un innovativo quiz; corredato da un *Quaderno delle attività* e dalla *Guida per l'insegnante*

Undici Racconti, brevi letture graduate ispirate al *Libro dello studente*

Attività online, con cui gli allievi approfondiscono gli argomenti trattati in ogni unità

Ulteriori materiali disponibili online (Attività extra e ludiche, Test di progresso, Glossari in varie lingue), per ripercorrere quanto appreso in ciascuna unità

Edizioni Edilingua

Nuovo Progetto italiano 1 T. Marin - S. Magnelli
Corso multimediale di lingua e civiltà italiana
Livello elementare

Nuovo Progetto italiano 2 T. Marin - S. Magnelli
Corso multimediale di lingua e civiltà italiana
Livello intermedio

Nuovo Progetto italiano 3 T. Marin
Corso multimediale di lingua e civiltà italiana
Livello intermedio - avanzato

Nuovo Progetto italiano 1, 2 Video
T. Marin - M. Dominici
Videocorso di lingua e civiltà italiana
Livello elementare - intermedio

Progetto italiano Junior 1, 2, 3
T. Marin - A. Albano
Corso multimediale di lingua e civiltà italiana
Livello elementare - intermedio

Progetto italiano Junior 1, 2, 3 Video
T. Marin - M. Dominici
Videocorso di lingua e civiltà italiana
Livello elementare - intermedio

Allegro 1 L. Toffolo - N. Nuti
Corso multimediale d'italiano. Livello elementare

That's Allegro 1 L. Toffolo - N. Nuti
An Italian course for English speakers
Elementary level

Allegro 2 L. Toffolo - M. G. Tommasini
Corso multimediale d'italiano
Livello preintermedio

Allegro 3 L. Toffolo - R. Merklinghaus
Corso multimediale d'italiano. Livello intermedio

La Prova orale 1, 2 T. Marin
Manuale di conversazione.
Livello elementare - intermedio - avanzato

Vocabolario Visuale T. Marin
Livello elementare - preintermedio

Vocabolario Visuale - Quaderno degli esercizi
T. Marin. Attività sul lessico
Livello elementare - preintermedio

Primo Ascolto T. Marin
Materiale per lo sviluppo della comprensione orale
Livello elementare

Ascolto Medio T. Marin
Materiale per lo sviluppo della comprensione orale
Livello medio

Ascolto Avanzato T. Marin
Materiale per lo sviluppo della comprensione orale
Livello superiore

Diploma di lingua italiana A. Moni - M. A. Rapacciuolo. Preparazione alle prove d'esame

Sapore d'Italia M. Zurula
Antologia di testi. Livello medio

Scriviamo! A. Moni
Attività per lo sviluppo dell'abilità di scrittura
Livello elementare - intermedio

Al circo! B. Beutelspacher
Italiano per bambini. Livello elementare

Forte! 1, 2, 3 L. Maddii - M. C. Borgogni
Corso di lingua italiana per bambini (6-11 anni)
Livello elementare

Collana Raccontimmagini S. Servetti
Prime letture in italiano. Livello elementare

Una grammatica italiana per tutti 1, 2
A. Latino - M. Muscolino
Livello elementare - intermedio

Via della grammatica M. Ricci
Livello elementare - intermedio

I verbi italiani per tutti R. Ryder
Livello elementare - intermedio - avanzato

Raccontare il Novecento
P. Brogini - A. Filippone - A. Muzzi
Percorsi didattici nella letteratura italiana
Livello intermedio - avanzato

Invito a teatro L. Alessio - A. Sgaglione
Testi teatrali per l'insegnamento dell'italiano a
stranieri. Livello intermedio - avanzato

Mosaico Italia M. De Biasio - P. Garofalo
Percorsi nella cultura e nella civiltà italiana
Livello intermedio - avanzato

Collana l'Italia è cultura M. A. Cernigliaro
Collana in 5 fascicoli: Storia, Letteratura,
Geografia, Arte, Musica, cinema e teatro

Collana Primiracconti
Letture graduate per stranieri.
Traffico in centro (A1-A2); *Mistero in Via dei Tulipani* (A1-A2); *Un giorno diverso* (A2-B1); *Il manoscritto di Giotto* (A2-B1); *Lo straniero* (A2-B1);
Il sosia (C1-C2)

Collana Cinema Italia A. Serio - E. Meloni
Attività didattiche per stranieri. *Caro diario* (A2-B1);
Io non ho paura - Il ladro di bambini (B2-C1)

**Collana Formazione
italiano a stranieri**
Rivista quadrimestrale per l'insegnamento
dell'italiano come lingua straniera/seconda